CHRISTINE HAAS

Taureau 2023

Du 20 avril au 20 mai

Table

I: Votre Année 2023

II: Votre signe astrologique

PARTIE I

Votre année 2023

Lisez les 3 décans de votre signe, il est très fréquent qu'une ou deux autres planètes de votre thème occupent ceux qui ne sont pas les vôtres et que cela vous donne des renseignements supplémentaires. **Pour connaître votre décan : twelv.love**

1er décan

20 AU 30 AVRIL

> EN RÉSUMÉ

Deux planètes joueront un rôle important cette année et tout d'abord la géante du zodiaque, Jupiter, qui atteindra votre décan le 16 mai (vous la sentirez arriver quelque temps avant). Normalement, c'est un aspect de chance, reportez-vous à l'été 2011 où la planète était passée par votre décan. Quoi qu'il se passe, sachez que la 2e planète à jouer un rôle important sera Saturne et qu'elle sera en bon aspect avec vous ! Et Jupiter et Saturne seront également en harmonie entre elles. Cela vous promet une année marquée par un développement, l'un de vos projets connaissant un destin très positif.

> VOTRE TRAVAIL

Quoi que vous fassiez, il sera important que vous vous construisiez un réseau relationnel solide. Ou que vous consolidiez celui que vous avez déjà. Vous allez travailler sur un important projet, nous l'avons vu, et avec Jupiter dans votre signe vous aurez certainement besoin de fonds pour ce projet, qui peut autant être personnel que professionnel : impossible à savoir sans votre thème. Et il n'est pas impossible que, parmi vos relations, quelqu'un vous serve en quelque sorte de banquier. À moins que vous n'héritiez d'une somme qui tombera à pic pour votre projet (qui peut être immobilier pour certains).

> VOS AMOURS

La présence de Jupiter dans votre décan peut avoir plusieurs « effets ». Il n'est pas impossible, si vous êtes célibataire, que vous viviez une passion brûlante, quelque chose d'extrêmement sensuel. Et cela peut très bien durer grâce aux influx de Saturne, la planète qui gère le temps. C'est en tout cas, une configuration très constructive. Mais si vous êtes déjà en couple, un événement peut vous rendre heureux tous les deux, ou alors vous gagnerez mieux votre vie... Maintenant, vous pouvez aussi rencontrer quelqu'un dans votre travail avec qui vous monterez le projet dont il a été question, et cette personne peut devenir un ou une amie.

> DIFFICULTÉS

Certains d'entre vous seront sensibles à l'entrée de Pluton en Verseau le 21 mars. Elle y restera jusqu'au 11 juin et rétrogradera en Capricorne. Ceux du tout début du signe seront sensibles à cette planète si elle était forte le jour de leur naissance. Par exemple ceux qui sont nés en 1983, 1984 avaient un Pluton fort en Scorpion. Dans ce cas, il est possible que vous ayez une révélation : vous n'avez pas pris la bonne direction sur le plan professionnel et vous vous demanderez si vous ne devez pas tout reprendre de zéro. Mais vous pouvez aussi avoir un souci avec l'un de vos parents qui pèse sur vous et vous prive de votre liberté.

2e décan

30 AVRIL AU 10 MAI

> EN RÉSUMÉ

Après deux ans de fréquentation de votre décan, Uranus le quittera fin mai et vous fichera la paix jusqu'en décembre. Vous aurez donc beaucoup moins de contrainte et par conséquent, plus de liberté. Et si justement vous avez pris votre indépendance professionnelle, cela devrait mieux marcher, sauf peut-être pendant la période où Jupiter sera dans votre secteur 12 (du 20 février au 4 avril) : la période vous obligera à une attente ou à préparer quelque chose, un projet par exemple. Puis Jupiter sera chez vous ! Dans votre décan en juillet mais vous en aurez de bons échos avant et surtout la chance sera de votre côté ; mais cela n'exclut pas quelques problèmes administratifs.

> VOTRE TRAVAIL

Si vous avez des problèmes dans ce domaine, il est à peu près sûr que ça ne durera pas. Ce sera dû à la présence de Jupiter en Bélier du 20 février au 4 avril, une période pendant laquelle vous pouvez être un peu perdu parce que vous ne trouverez pas votre place. Soit dans l'entreprise où vous travaillez, peut-être parce que certains collègues vous jalouseront et essayeront de vous glisser des peaux de banane. Mais ne restez pas sans rien faire, défendez-vous : attendre que ça passe est inutile, si vous ne posez pas vos limites, cela ne s'arrêtera pas. En revanche, entre juillet et novembre, avec Jupiter dans votre décan (voir ce qu'il s'est passé en 2011) le développement de votre affaire ou votre progression dans l'entreprise vous rapporteront : de l'argent et une respectabilité.

> VOS AMOURS

Rien d'exceptionnel avant que Vénus ne passe et ne repasse dans le 2e décan du Lion, un secteur important de votre thème. Elle y sera du 16 au 29 juin, puis de la mi-août au 25 septembre. Plusieurs interprétations sont possibles : vous pouvez vivre des moments forts avec votre conjoint parce que vous vous aménagerez un nid douillet, que vous en ferez la décoration ensemble... Si vous êtes célibataire, il est possible qu'une personne connue dans le passé, ou avec qui vous avez déjà vécu quelque chose, revienne vers vous et que cela vous perturbe. Vous ne saurez pas si vous pouvez lui faire confiance, s'il/elle a vraiment changé... Mon conseil : laissez le temps vous dévoiler la vérité.

> DIFFICULTÉS

Comme nous l'avons vu, votre secteur 12 recevra la visite de Jupiter du 20 février au 4 avril. Ce n'est peut-être pas une bonne période, tout dépend des états de Jupiter dans votre thème natal. Au pire, vous pouvez avoir des ennuis d'argent, celui que vous avez placé ne vous rapportant pas assez. Il se peut aussi que vous attendiez qu'on vous paye ce qu'on vous doit : un dédommagement, voire un héritage qui traîne depuis longtemps. Mais, comme vous le constatez, cela ne durera pas et n'aura pas de conséquences sur la suite des événements. On peut donc penser que ce problème se réglera d'une manière ou d'une autre quand Jupiter sera chez vous en juillet ou même avant.

3e décan

10 AU 20 MAI

> EN RÉSUMÉ

Saturne sera encore en dissonance avec vous jusqu'en mars, puis elle vous fichera définitivement la paix ! Après avoir quand même créé pas mal de difficultés, que ce soit dans le domaine du travail et dans votre relation avec la hiérarchie, ou dans votre vie privée avec un parent ou un enfant. Il y a eu comme une privation de liberté et comme Uranus arrive dans votre décan en mai, vous pouvez être sûr que vous allez tout faire pour retrouver votre liberté. Cette année vous verra faire tout votre possible pour vous débarrasser des contraintes qui ont pesé sur vous et qui pèsent encore. Neptune vous aidera car vous serez bien entouré amicalement et les aides que vous obtiendrez tomberont au bon moment. Il peut aussi s'agir d'aides sociales auxquelles vous avez droit.

> VOTRE TRAVAIL, VOS RELATIONS

Du 4 avril au 16 mai, vous aurez du mal avec vos relations, vous aurez l'impression qu'on veut vous manipuler ou qu'il se trame quelque chose sans que vous soyez au courant. Ce sera peut-être la réalité – ou pas – l'important sera que vous pariez à toute éventualité et que vous soyez méfiant (mais pas avec tout le monde !). De plus, les questions d'argent ne seront pas faciles non plus et heureusement que Neptune sera là pour vous aider. Vous pourrez compter sur vos relations pour vous soutenir et même, dans certains cas, sur l'état providence. Ça ira mieux après le mois de mai et le problème ne se représentera plus. En revanche, il faudra vous concentrer sur la préparation d'un projet qui donnera de belles couleurs à votre année 2024.

> VOS AMOURS

De fin juin à mi-août, puis de nouveau fin septembre et début octobre, Vénus fera des allers et retours dans un secteur important de votre zodiaque. Celui qui représente la maison (importante pour le Taureau), la famille et vos racines. Elle sera conjointe à l'instable Uranus fin juin et début juillet, puis la semaine du 7 août et enfin les derniers jours de septembre. Dans ce cas, et seulement pour ceux nés vers les 11, 12 mai, il est possible que votre relation de couple soit un peu secouée et que vous vous posiez des questions. Toutefois, vous pouvez aussi être victime d'un coup de foudre et vous poser tout autant de questions. Pour les autres Taureau, la présence de Vénus en Lion peut indiquer que vous ferez des améliorations dans votre maison ou encore que vous pourriez retrouver quelqu'un de votre passé.

> DIFFICULTÉS

Elles seront essentiellement liées à la présence d'Uranus dans votre décan à partir de mai, étant entendu qu'avec cette planète les situations peuvent s'annoncer longtemps à l'avance. En tout cas, ce qui risque d'être déplaisant avec Uranus, c'est que vos attentes n'aboutiront pas comme vous le désirez. Vous pourriez même avoir des problèmes dans le boulot parce que la direction a changé et que ce n'est plus du tout le même esprit qui règne. Or vous êtes très attaché parfois au côté « famille » que le travail peut représenter. Les changements vous n'aimez pas cela, et celui-ci ne vous dit rien de bon. Vous avez probablement raison et, à ce titre, il faudra vous méfier de la fin juin.

Votre ascendant en 2023

Selon votre ascendant, les planètes qui vont compter en 2023

Pour savoir quel est le décan de votre ascendant : twelv.love Et consultez les 3 décans, une de vos planètes peut se trouver dans un autre décan que le vôtre.

BÉLIER

> 1er DÉCAN

De janvier au 20 février, **Jupiter** revient dans votre décan, comme en 2022. Je vous rappelle qu'elle était entrée chez vous en mai, accompagnée par **Mars**, ce qui a pu créer une grosse colère ou vous obliger à vous investir à fond dans un travail, voire dans la défense de vos droits. Il va donc en être encore question en début d'année mais cette fois **Mars** est en bon aspect avec vous (rétrograde, donc moins active jusqu'au 13 janvier) mais vous allez certainement avoir une opportunité à saisir, ou à développer si elle s'est déjà présentée. Le succès pourrait être au rendez-vous également grâce à **Pluton** qui entre en Verseau le 23 mars, un must qui vous donnera envie de vivre intensément et d'être plus créatif que jamais. Vous serez animé d'une pulsion vitale étonnante.

> 2e DÉCAN

Jupiter n'avait pas atteint votre décan en 2022, ce sera fait cette année à partir du 20 février et jusqu'au 4 avril. Fin février et début mars, la planète de chance et d'expansion sera conjointe à **Vénus** et il ne serait pas étonnant que l'amour vous tombe dessus et que vous vous emballiez pour quelqu'un. Ce sera fort, intense, mais est-ce que cela va durer ? Ce n'est pas sûr car **Jupiter** est très rapide. Maintenant, cela dépend d'autres éléments de votre thème natal que je ne possède pas. Et si ce n'est pas l'amour qui vous tombe dessus, ce sera de l'argent que vous aurez peut-être gagné par votre travail, mais il se peut aussi que vous ayez de la chance au jeu, surtout fin février, début mars.

> 3e DÉCAN

Vous aurez vous aussi droit à la présence de **Jupiter** dans votre décan du 4 avril au 16 mai, date à laquelle elle quittera définitivement votre signe pour le Taureau. Sans votre thème, on ne peut que faire des suppositions : période de chance et de développement, voire d'enrichissement pour les uns, ou période de tracasseries administratives voire judiciaires pour les autres, qui seront obligés de faire respecter leurs droits. **Pluton** étant partie en Verseau, **Jupiter** ne formera aucun aspect et pourra donc vous donner le maximum, dans le positif comme dans le moins positif. Toutefois, si vous avez quelque chose à entreprendre, c'est le bon moment pour vous lancer, la période placera des chances sur votre route, même si vous avez quelques soucis avec l'administration par ailleurs.

TAUREAU

♉

> 1er DÉCAN

Le plus important cette année, c'est que **Jupiter** (planète réputée chanceuse) fait son retour dans votre ascendant le 16 mai. Son dernier passage date de 2011, si vous vous souvenez de ce qu'il s'est passé, vous aurez un indicateur de ce qui peut donc advenir à partir du mois de mai, et même un peu avant. A priori, c'est une conjoncture très profitable et qui peut vous voir très à l'aise financièrement, ou d'une manière générale dans votre vie. Mais il n'y a pas que ça ! **Saturne**, elle, entame un bon aspect avec vous à partir du mois de mars, elle entrera alors en Poissons, le signe qui gère vos projets et vos amitiés. Côté projet, vous pourriez vous investir dans quelque chose qui vous prendra du temps, mais qui ne peut que vous conduire à évoluer, tout en conservant des bases solides, des bases essentiellement relationnelles.

> 2e DÉCAN

Vous n'êtes pas du tout logé à la même enseigne que le 1er décan, vous ne recevrez que **Jupiter**, à partir de fin juin et jusqu'en novembre, mais ce n'est pas rien. Reportez-vous, comme le 1er décan, à 2011, 2012 pour avoir une idée de ce qui peut arriver de positif dans votre vie. D'une manière ou d'une autre, vous prendrez plus de place dans votre job, ou serez plus productif et du coup l'argent rentrera plus facilement, après une période très instable. Mais il peut aussi y avoir un héritage, une donation, un important dédommagement. Pour certains cependant, c'est la face juridique de **Jupiter** qui sera active et vous risquez d'avoir un petit problème avec l'administration, fiscale surtout. À moins qu'une situation injuste ne se présente et que vous ne soyez obligé de vous défendre, ou de vous faire défendre par un avocat.

> 3e DÉCAN

Jusqu'en mars, **Saturne** occupera encore le zénith de votre zodiaque, et il se peut que vous soyez en manque de boulot, ou d'objectifs à atteindre, ce qui risque d'être un peu déprimant. Mais, étant donné qu'elle quitte ce secteur en mars (le 7 précisément), vous pourrez remonter la pente. Cela prendra le temps que cela prendra, mais dites-vous que vous avez en vous la force et la persévérance nécessaires. **Jupiter** ne viendra pas chez vous cette année mais l'année prochaine, toutefois vous allez recevoir la visite d'**Uranus** à partir du mois de mai. Cela ne se produit que tous les 84 ans, c'est donc (selon votre thème) quelque chose d'important dans un des domaines clé de votre vie : le travail ou la famille. Avec **Uranus** il y a toujours de l'instabilité et parfois une expérience très inédite à vivre. Et qui peut vous chambouler intérieurement, mais qui sera aussi une intéressante leçon de vie.

GÉMEAUX

> 1er DÉCAN

En 2022, **Jupiter** vous avait longuement envoyé de bons influx depuis votre secteur de projets et d'espoirs. C'est une planète dont la mission est d'amplifier ce qui est positif, comme ce qui est négatif ! Vous avez eu du temps pour mettre au point vos idées et **Jupiter** étant revenue en décembre, c'est le moment de vous lancer. Elle occupera ce même décan du Bélier que l'année dernière jusqu'au 20 février et vous ne la reverrez plus. Mais d'ici là, il y a des chances pour que l'un de vos projets ou l'un de vos espoirs se soit réalisé et que vous ayez fait un grand pas en avant. Tout cela étant relatif à la position de **Jupiter** dans votre thème de naissance. Autre nouveauté, l'arrivée de **Saturne** en Poissons le 7 mars, elle occupera le zénith de votre thème et vous invite à persévérer si vous avez un objectif. Plus vous serez déterminé à réussir, moins dispersé, meilleures seront vos chances de grimper les échelons.

> 2e DÉCAN

En principe, ce décan de votre ascendant ne reçoit pas énormément d'aspects cette année, mais celui que vous enverra **Jupiter** pourrait jouer un rôle important (selon votre thème natal). Elle sera en relation avec vous du 20 février au 4 avril, étant entendu qu'elle peut « agir » avant. Il est possible que vous ayez un projet qui compte beaucoup pour vous et que votre espoir de le réaliser se concrétise pendant la période citée. Mais bien d'autres domaines peuvent être touchés par **Jupiter**, dont celui des relations amicales ou professionnelles. Vous pourriez vous constituer un réseau, dans un domaine ou dans l'autre, sur lequel vous pourrez vous appuyer, les personnes de ce réseau étant favorables à l'entraide, tout comme vous d'ailleurs. Il se peut aussi que vous rencontriez quelqu'un que vous allez admirer, dont vous vous inspirerez et qui sera comme un guide pour vous. Un pygmalion pour les plus jeunes.

> 3e DÉCAN

La présence de **Neptune** dans votre secteur 10, qui gère votre carrière et les événements importants de votre vie jouera un rôle qui peut aussi bien se révéler positif, que créer une instabilité dans votre vie professionnelle. Si **Neptune** est positive, vous pourriez vous retrouver au sein d'un grand groupe, international peut-être et réussir à grimper les échelons au fil du temps. Vous pourriez aussi admirer une personne avec qui vous travaillez et vous en inspirer, vous en servir comme modèle... Pour certains, **Neptune** indique que vous atteindrez des sommets. Pour d'autres, la planète ne jouera pas du tout le même rôle et peut vous voir changer de job un peu trop souvent parce que vous supporterez mal l'autorité de vos supérieurs et qu'il y aura des embrouilles sur votre lieu de travail. Surtout quand **Mars** passera par chez vous au mois de mars. Attention, vous risquez de vous trouver dans une situation remuante et d'en être responsable.

CANCER

> 1er DÉCAN

En 2022 déjà, **Jupiter** s'était présentée au zénith de votre thème personnel, occupant de mai à octobre le 1er décan du Bélier. Fin mai et début juin n'ont pas été faciles car elle était conjointe à **Mars**, il y a eu de la bagarre, vous avez dû attaquer ou vous défendre. À présent, **Jupiter** va retraverser très rapidement le décan de votre ascendant en janvier et février (jusqu'au 20) et ne reviendra plus. **Mars** n'étant plus là, vous n'aurez plus d'obstacle pour réussir et peut-être même que vous atteindrez brillamment l'un de vos objectifs, non sans avoir « mouillé la chemise » comme on dit. Après le 16 mai et jusqu'au 4 juillet, **Jupiter** braquera le projecteur à la fois sur vos projets, vos espoirs, et sur vos relations amicales. Vous pourriez intégrer un réseau d'entraide, amical ou professionnel, dont vous deviendrez vite un membre actif.

> 2e DÉCAN

La réussite professionnelle sera votre principal objectif du 20 février au 4 avril. C'est probablement quelque chose qui se prépare depuis l'été dernier : une promotion, une mutation, un poste qui vous donne en tout cas plus de responsabilités et peut demander à certains de diriger, d'avoir de l'autorité même sur une équipe. Quoi qu'il en soit, vous y mettrez toute votre énergie ! Moins chanceux, certains auront un procès à affronter, ou des embrouilles avec l'administration à gérer à cause d'une négligence involontaire (ou non). Du 4 juillet au 7 novembre, vos projets et vos relations amicales prendront de l'importance et si vous avez besoin d'aide pour progresser, vous trouverez ce qu'il vous faut. On (une relation ?) vous soutiendra activement, peut-être même sur le plan financier si besoin est.

> 3e DÉCAN

Vous aurez vous aussi l'occasion de grimper un échelon, ou de prendre la direction d'une mission, voire d'un service ou d'un groupe, entre le 4 avril et le 16 mai. Ce sera l'événement principal de cette année et **Pluton** ne s'opposant plus à vous après le 23 mars, rien ni personne ne pourra s'opposer à votre progression – sauf vous-même et un comportement qui ne serait pas adapté et qui ferait qu'au dernier moment vous n'obtiendriez pas ce que vous pensiez vous revenir de droit. Il faudra vous méfier de vos réactions instinctives, elles peuvent aller contre vos intérêts. Autre avantage cette année, une volonté chez certains de prendre leur indépendance (un bon aspect d'**Uranus**) et ce que vous avez déjà préparé l'année dernière pour certains vous sera très utile. Vous libérer d'une tutelle ou d'une dépendance sera d'une grande importance pour la suite des événements.

LION

> 1er DÉCAN

Votre année 2023 démarrera sur les chapeaux de roues avec le retour de **Jupiter** en Bélier, en harmonie avec votre ascendant. Vous serez en pleine possession de vos moyens, prêt à tout pour réussir, vous faire remarquer, donner des galons à votre renommée dans votre métier. Vous avez déjà eu beaucoup l'année dernière et comme **Jupiter** sera plus rapide, ce sera très positif mais moins durable (**Jupiter** cessera de vous regarder le 20 février). Ce qui va certainement vous interpeller davantage, c'est l'opposition de **Pluton** qui entre en Verseau le 23 mars, pour le meilleur et pour le pire. Le meilleur étant un statut qui vous donne du pouvoir, de l'argent, le pire étant parfois une suite d'événement vous obligeant à revivre un passé que vous pensiez enfoui sous les décombres de votre enfance. Mais il faut se méfier du refoulé…

> 2e DÉCAN

Vous serez probablement très content du transit de **Jupiter** en Bélier, qui durera du 20 février au 4 avril. **Jupiter** et **Vénus** se rencontrant fin mars et début avril, vous serez doublement content, peut-être parce que vous tomberez amoureux ou éventuellement parce que vous concevrez un enfant ou que vous l'accueillerez. Mais votre créativité, votre sens esthétique peuvent aussi être décuplés par cette jolie conjoncture, également favorable aux voyages de toute nature : réels ou spirituels. En outre, vos idées et opinions seront très écoutées, parfois même vous ferez référence. Par ailleurs, vous serez débarrassé de la déstabilisante **Uranus** à partir de fin mai, cela faisait au moins deux ans qu'elle vous perturbait et vous obligeait à accepter des contraintes dont la plupart des membres de ce décan se sont enfin débarrassés. Vous avez à présent votre seconde chance.

> 3e DÉCAN

Ce sera à votre tour de recevoir un bon aspect de **Jupiter** du 4 avril au 16 mai, une période très positive, qui pourrait cependant être instable à cause de l'arrivée d'**Uranus** au zénith de votre thème. C'est-à-dire qu'il y aura forcément des changements de dernière minute et qu'ils ne vous arrangeront pas. Vous pensiez avoir obtenu la reconnaissance que vous méritez, ou la mutation à laquelle vous aspirez, et si vous êtes du début du décan, il faudra revoir vos plans. Toutefois, rien ne sera gravé dans le marbre, ce n'est jamais le cas avec **Uranus** qui peut rester inactive pendant des mois et vous donner alors le sentiment que vous stagnez. Par ailleurs, **Vénus** s'arrêtera chez vous en juillet et jusqu'au 15 août, une période où ce sont vos amours qui vous mèneront par le bout du nez (fin septembre et début octobre aussi). Mais il y aura de forts remous pour certains…

VIERGE

> 1er DÉCAN

Souvenez-vous, en mai 2022, **Jupiter** et **Mars** étaient entrées en même temps en Bélier, provoquant en vous un sentiment de révolte contre l'injustice. Après des allers et retours, vous retrouvez **Jupiter** en Bélier début 2023, sans **Mars** et donc moins agressive. Tout janvier et jusqu'au 20 février, vous aurez certainement à vous occuper d'une histoire d'argent à réclamer, qu'il s'agisse d'une aide, d'une donation ou d'un héritage. Il semble qu'il y aura beaucoup de papiers, de documents et que les questions administratives seront un peu envahissantes. Ce qui ne peut que vous rendre plus anxieux et nerveux que vous l'êtes déjà. Il y aura un problème relationnel en mars-avril, puis, la chance sera au rendez-vous à partir de mai, avec la possibilité de vous développer en grimpant un échelon, ou éventuellement en faisant une formation qui vous aidera à progresser.

> 2e DÉCAN

Uranus est toujours en phase avec votre décan, du moins jusqu'à fin mai. Vous pourrez donc explorer de nouvelles activités où vous aurez plus de liberté d'agir et de concrétiser vos idées. Vous avez peut-être décidé de vous mettre à votre compte ? Cela ne peut que vous réussir, aucune planète lente n'étant en dissonance avec vous pour cette année. Au contraire, vous aurez droit à un aspect chanceux de **Jupiter** à partir de fin juin et jusqu'en novembre ; il apparaît que vous pourrez développer ce que vous avez mis en place sous l'égide d'**Uranus** et que vous y gagnerez, non seulement financièrement mais aussi sur le plan de la renommée. On appréciera ce que vous faites et on vous le fera savoir. Toutefois, comme pour le 1er décan, il y aura quelques démêlés avec l'administration, rien de grave.

> 3e DÉCAN

Vous allez enfin recevoir les bons influx d'**Uranus** qui seront essentiels pour vous libérer et devenir ou redevenir vous-même. Le problème étant que **Neptune** s'oppose à vous et que vous êtes probablement dans une relation qui peut être toxique. Vous ne vous en étiez pas rendu compte jusqu'à présent, mais vous ne pouvez plus fermer les yeux. En conséquence, l'aspect d'**Uranus** ne pouvait pas mieux tomber ! Il va d'abord vous donner des envies de liberté, ensuite vous trouverez le moyen de reprendre votre indépendance. Le problème relationnel peut autant se situer dans votre vie amoureuse que dans votre vie professionnelle où quelqu'un essaye sans cesse de vous rabaisser. Mais les choses vont commencer à bouger cette année et elles pourraient se concrétiser entre juin et décembre.

BALANCE

> 1er DÉCAN

Vous avez déjà tâté de l'opposition de **Jupiter** en Bélier en 2022, entre mai et octobre, et elle est revenue fin décembre. Donc elle sera encore active en début d'année et jusqu'au 20 février. Au positif, vous pouvez vous associer, voire vous marier avec quelqu'un qui vous stimulera et vous aidera à être plus productif. Au négatif, un problème associatif risque de vous avoir déjà embêté en 2022 et il revient se manifester. Mais de toute manière, il n'en sera plus question après le 20 février et **Jupiter** occupera à partir du mois de mai (le 16) votre secteur financier, ce qui signifie que l'argent devrait rentrer, et comme c'est **Jupiter**, ce sera plus important que ce que vous pensez. Il pourra être question d'une donation, d'une compensation, d'un héritage. Mais plus vraisemblablement, ce sont vos propres productions qui vous rapporteront.

> 2e DÉCAN

Votre ascendant n'avait pas vraiment reçu l'opposition de **Jupiter** l'année dernière, mais cette année vous n'y échapperez pas : du 20 février au 4 avril, elle sera face à vous et vous proposera deux sortes d'ambiances. Tout d'abord, une ambiance positive avec une possible association, voire un mariage, un pacs, quelque chose qui devrait beaucoup vous réjouir, à moins que vous ne soyez engagé dans une équipe, ou dans un partenariat productif. Au négatif, cette opposition de **Jupiter** vous confrontera à la concurrence, à des difficultés dans votre mariage ou dans une association. Après le 5 juillet, **Jupiter** en Taureau devrait faciliter vos rentrées d'argent et surtout vous permettre, si vous avez eu des problèmes avec un partenaire, de réparer ce partenariat ou de vous réparer vous-même. Et si vous avez divorcé, la compensation financière sera à la hauteur de ce que vous désirez.

> 3e DÉCAN

Une bonne nouvelle : **Pluton** quitte le Capricorne le 23 mars et n'y reviendra que très peu cet été. Cela vous débarrasse d'un poids, celui du passé que la planète vous a obligé à revisiter et qui a pu vous créer des tourments, des angoisses. À la place de **Pluton**, vous recevrez un aspect stabilisant de **Saturne** (déjà l'année dernière) mais seulement jusqu'en mars. Cela dit, le « travail » de **Saturne** est fait : vous donner des bases solides pour les uns, vous faire accepter une période de célibat pour les autres. D'ailleurs, l'opposition de **Jupiter** qui se présentera du 4 avril au 16 mai pourrait correspondre à un divorce et à ses aléas. Mais elle peut, selon votre thème, se révéler positive et vous permettre d'intégrer une équipe, d'en former une ou alors de rencontrer quelqu'un et d'avoir le désir de vous engager et même de vous marier. C'est donc le domaine relationnel qui sera favorisé (ou défavorisé) par **Jupiter**, une planète qui est à double face et qui amplifie tous les domaines qu'elle touche.

SCORPION

> 1er DÉCAN

La grande nouveauté de l'année, pour vous, c'est l'entrée de **Pluton** en Verseau le 23 mars, une brève incursion jusqu'au 11 juin, mais le processus sera lancé pour beaucoup d'entre vous. Il s'agit, avec **Pluton** et après une sorte d'épreuve initiatique, de se reconstruire, de reprendre sa vie en main, de faire preuve de résilience, en particulier né en 1984, 1985. C'est un aspect intéressant pour vous en particulier, **Pluton** étant votre maître, et sachez qu'il peut faire ressurgir un traumatisme subi dans l'enfance. Par ailleurs, comme en 2022, **Jupiter** traversera le 1er décan du Bélier en janvier et en février, elle occupera votre secteur du travail qui devrait prendre plus d'importance. Soit parce que vous obtiendrez des avantages, soit au contraire parce que vous aurez un problème à régler avec un collègue ou un employé. Côté cœur, avec l'arrivée de **Jupiter** en Taureau en mai, vous pourriez faire une importante rencontre, vous marier ou vous pacser.

> 2e DÉCAN

En début d'année, c'est encore l'opposition d'**Uranus** qui vous ennuiera et vous rappellera, surtout début février, qu'il y a des changements à effectuer (ou à subir) dans votre vie relationnelle. Mais **Uranus** cessera son opposition fin mai, et par chance vous recevrez celle de **Jupiter** à partir de fin juin, et elle n'a rien à voir ! Selon votre thème natal, **Jupiter** gère vos acquisitions et votre argent, mais on peut très bien penser aussi que vous allez « posséder » quelqu'un. En effet, à cette date et jusqu'à fin octobre, vous serez totalement ouvert aux autres, bien plus investi dans vos relations et il est très possible que vous fassiez une importante rencontre et si vous avez bien fait le travail que vous demandait **Uranus**, si vous êtes moins dans la possession justement. Cette relation pourrait prendre de la place dans votre vie, notamment fin juillet et début août : il se peut qu'on vous présente quelqu'un.

> 3e DÉCAN

C'est à votre tour cette année de recevoir l'opposition d'**Uranus** qui, en soi n'est pas mauvaise, c'est juste qu'elle vous demande un changement et que vous n'aimez pas ça ! C'est sur le plan relationnel que ça se passe, et il semble que vous allez devoir faire face à une remise en question si vous êtes en couple, ou à de l'instabilité si vous êtes célibataire. Dans les deux cas de figure, votre attitude vis-à-vis de l'autre sera à analyser pour mieux comprendre ce qu'il se passe : surtout ne rejetez pas toute la faute sur l'autre, vous reculeriez au lieu d'avancer. Cela peut être en rapport avec votre vie amoureuse, mais vos relations avec vos collègues ou employés pourraient aussi être en question. Le passage de **Jupiter** en Bélier, du 4 avril au 16 mai sera peut-être le fauteur de troubles : vous obtiendrez éventuellement un statut qui vous donnera de l'autorité, ce dont vous abuserez sans vous en rendre compte dans tous les domaines. Vous savez ce qu'il vous reste à faire !

SAGITTAIRE

> 1er DÉCAN

Vous avez déjà eu de belles opportunités en 2022 quand **Jupiter** avait fait un séjour en Bélier (mai à octobre) et voilà que la planète revient en 2023 et vous enverra de bons influx, très créatifs, jusqu'au 20 février. Vous réaliserez quelque chose, que vous avez peut-être entrepris l'année dernière, et qui prospérera en janvier, février. Mais il se pourrait aussi qu'un enfant apparaisse et que vous en soyez très heureux. Par la suite, **Jupiter** atteindra le Taureau le 16 mai (jusqu'au 5 juillet) et cela signifie que ce que vous avez mis en route peut vous rapporter, et parfois plus que vous ne l'aviez imaginé. Si toutefois, dans votre thème natal, **Jupiter** est positive. Autre aspect actif à partir du 7 mars, c'est celui que **Saturne** va former avec votre ascendant, vous freinant un peu dans votre progression, mais surtout parce que vous serez fatigué ou moins motivé que d'habitude. Toutefois, le couple peut en être affecté.

> 2e DÉCAN

Vous serez également regardé de manière très positive par la planète de toutes les chances, **Jupiter**. Ce sera actif du 20 février au 4 avril, mais il est sûr que vous en ressentirez les bienfaits avant le 20 février. La planète étant propice au développement, personnel ou professionnel, il est possible que vous puissiez progresser très rapidement, surtout sur le plan professionnel. Il faut dire qu'on appréciera ce que vous faites, votre créativité étant décuplée par la conjoncture. Quoi que vous entrepreniez, ça marchera. Certains pourraient même avoir un enfant… À partir de juillet, vous recueillerez les fruits de vos efforts, surtout sur le plan financier. **Jupiter** occupera alors le secteur le plus productif de votre zodiaque. Toutefois, c'est également le secteur des dédommagements, des primes et des héritages. Il est donc possible que l'argent vous arrive de cette manière.

> 3e DÉCAN

La seule planète lente à faire un aspect dynamique avec vous, c'est **Neptune**. Elle était déjà active l'année dernière mais elle est difficile à interpréter car elle possède plusieurs sens. Elle peut vous inviter (voire vous obliger) à prendre conscience d'une dépendance dont vous cherchez à vous défaire et qui vous a empêché, jusqu'à présent, de construire du solide dans votre vie. Toutefois, **Saturne** a été en harmonie avec vous tout 2022 et encore cette année jusqu'en mars. Vous avez peut-être entamé un processus qui vous permet de vous défaire de cette dépendance et de vous stabiliser. Pour d'autres Sagittaire, **Neptune** étant la planète qui représente les secrets et parfois les secrets de famille, il est possible qu'un ou des événements de votre enfance aient été oubliés, refoulés, et qu'ils reviennent à présent à votre conscience. **Jupiter**, elle, sera positive et même chanceuse entre le 4 avril et le 16 mai.

CAPRICORNE

> 1er DÉCAN

Votre planète maîtresse, **Saturne**, quitte votre signe où elle était depuis 2017 pour entrer chez l'ami Poissons le 7 mars. En bon aspect avec votre ascendant, vous ne vous apercevrez pas tout de suite de ce qu'elle vous apporte, mais il est évident que vous allez vous installer dans quelque chose de durable et de sérieux. Que ce soit dans vos relations ou dans votre vie professionnelle. Mais vous pouvez aussi vous mettre à apprendre quelque chose, ou à approfondir un savoir, tout ceci vous nourrissant spirituellement. Autre aspect, rapide, et qui reproduit celui de 2022 (entre mai et octobre), le passage de **Jupiter** dans votre secteur 4 ; un déménagement, prévu de longue date, peut-être après des travaux, pourrait se faire entre début janvier et le 20 février. À moins qu'enfin vous n'achetiez la maison de vos rêves pendant cette période. Pour certains natifs, ce sera un peu moins positif car il y aura des différends avec votre hiérarchie, il faudra vous défendre.

> 2e DÉCAN

Uranus, planète des changements et des découvertes sur soi terminera son bon aspect avec vous fin mai (commencé en 2021) ; né après le 6 janvier vous aurez donc encore quelques mois pour faire de gros progrès dans votre vie sociale, l'image que vous avez de vous-même ayant évolué ces deux dernières années. Et vous en profiterez certainement à partir du mois de mai, quand **Jupiter** entrera en Taureau et sera en harmonie avec votre ascendant : c'est un aspect de développement, qui pourrait correspondre à un succès personnel, à quelque chose qui vous met en vedette. Mais ce développement peut aussi être physique pour celles qui seront enceintes : c'est en effet une des possibilités offertes par **Jupiter** qui restera votre alliée jusqu'en novembre et reviendra en 2024. Juillet sera probablement le mois le plus favorable de votre année.

> 3e DÉCAN

Une bonne année pour vous aussi ! Tout d'abord, **Pluton** vous quitte du 23 mars au 11 juin, elle reviendra mais pour repartir définitivement début 2024. La planète se tenait à la fin de votre ascendant depuis longtemps (2019) et elle a été à l'origine d'un processus de destruction-reconstruction qui a été une épreuve pour certains d'entre vous. Mais elle a pu jouer un rôle positif pour d'autres, en vous permettant de vous enrichir, matériellement ou spirituellement. Elle laisse la place à un bon aspect de **Neptune** qui va vous permettre de vous détendre, d'apprécier davantage le moment présent, sans vous préoccuper plus que de raison de ce qui risque d'advenir. En outre, vous nouerez des liens amicaux ou amoureux qui prendront de la place, des personnes avec qui il y aura de la complicité et qui apprécieront vos conseils pleins de bon sens. Mais **Jupiter** risque de créer un conflit, apparemment vite résolu. Entre le 4 avril et le 16 mai, il faudra faire profil bas, en famille ou dans votre vie professionnelle, des problèmes avec l'autorité étant apparus.

VERSEAU

> 1er DÉCAN

Le plus important en 2023, c'est l'arrivée de **Pluton** dans votre décan. Elle restera sur le tout début, mais cela ne s'est pas produit depuis 1778 ! Planète des crises, elle était entrée en Capricorne en 2008 (crise financière) et là, dans votre signe, c'est peut-être une crise des libertés qui va se manifester. Sur le plan personnel, cela peut être tout ou rien : vous pouvez vous enrichir considérablement et de manière inattendue sur le plan financier, comme vous pouvez rétrograder et peut-être même devoir repartir de zéro. En tout cas, ce sera une année intense pour ceux du début du signe. **Jupiter** sera votre alliée en janvier et jusqu'au 20 février, vos affaires marcheront vraiment bien et on parlera de vous avec admiration. Ce que vous ferez pourrait d'ailleurs vous rapporter beaucoup puisque **Pluton** ne sera pas loin. En mai et juin, avec **Jupiter** en Taureau, il se pourrait que vous soyez obligé de vendre un bien, ou de le partager. Une affaire familiale peut aussi vous préoccuper.

> 2e DÉCAN

Pas de **Pluton** pour vous, et surtout la fin de la dissonance d'**Uranus** qui a provoqué d'importants changements depuis deux ans. Elle vous lâchera fin mai et ce sera un vrai soulagement pour certains. Pour vous dynamiser d'ici là, un bon aspect de **Jupiter** en Bélier pourrait vous permettre de démarrer quelque chose, un projet qui progressera rapidement entre 20 février et le 4 avril. Il y aura une occasion à saisir et il faudra foncer dessus, ne pas trop réfléchir, même si cela vous demande plus de boulot. Peut-être aussi que vous ferez une formation éclair et que cela vous permettra de prétendre à une meilleure rémunération. Quoi qu'il en soit, ce sera un pari sur l'avenir. Après le 5 juillet, comme le 1er décan, vous recevrez des influx de **Jupiter** depuis le Taureau, secteur de la famille et de la maison. Soit vous aurez dans l'idée d'acheter un bien pour faire un placement, par exemple, ou alors vous aurez tout simplement à déménager. Réfléchissez à ce qu'il s'est passé en 2011 dans ces domaines.

> 3e DÉCAN

Cette année, la planète la plus active pour vous sera **Uranus** (votre maître, je le rappelle). Elle entrera dans le 3e décan du Taureau et cela peut entraîner des répercussions très différentes selon le thème de chacun et surtout selon votre signe solaire. En tout cas, préparez-vous à des changements, il vous est même conseillé d'avoir un plan B, si les changements concernent votre vie professionnelle. Vous serez aidé, c'est certain, par un bon aspect de **Jupiter** qui sera actif entre le 4 avril et le 16 mai, la planète occupant un secteur qui est justement dédié à la diversification de vos activités. Surtout, si vous avez mis tous vos œufs dans le même panier, il est dans votre intérêt de regarder ailleurs et de prendre, peut-être à moitié, votre indépendance. Le but d'**Uranus** étant précisément de vous obliger à vous défaire de toute dépendance. Par ailleurs, **Saturne** sera encore chez vous jusqu'au 7 mars, comme en 2022, vous gênant précisément dans votre volonté d'avancer. Peut-être tout simplement parce que vous aurez un peu moins d'énergie.

POISSONS

> 1er DÉCAN

Jupiter a quitté votre ascendant et se trouve à présent en Bélier jusqu'au 16 mai, elle aura alors traversé les 3 décans. Elle restera jusqu'au 20 février dans le vôtre, mais vous l'avez déjà eue longuement l'année dernière et vous avez, éventuellement pu augmenter vos revenus ou effectuer un achat conséquent. Avec **Jupiter**, vous le savez, il y a toujours une amplification ; la planète met fortement l'accent sur un domaine et, en ce qui vous concerne, le Bélier est votre domaine d'argent. Celui que vous rentrez tous les mois et qui pourrait de nouveau être plus important en début d'année. Ça ne sera pas un miracle mais plutôt le fruit de votre travail et surtout d'un fort désir d'être productif. Toutefois, **Saturne** va également faire son apparition dans votre signe (la dernière fois c'était en mai 1993 et surtout en 1994), et il faudra alors vous fixer des objectifs, ou accepter qu'on vous en fixe, et faire les efforts nécessaires pour les atteindre. Cependant, vous pouvez aussi connaître une période difficile parce que vous vous sentirez seul, ou mal accompagné.

> 2e DÉCAN

Uranus s'occupe encore de votre décan jusqu'en mai, une bonne configuration qui vous a peut-être permis – ou qui va vous permettre – d'en apprendre beaucoup sur un sujet en particulier, ou parfois sur vous-même. Il se peut que vous vous découvriez un potentiel qui ne s'était pas exprimé jusque-là, ou que vous appreniez à mieux vous exprimer, que ce soit par oral ou par écrit. **Saturne** a été en relation avec vous l'année dernière et vous a permis justement d'être plus rigoureux et surtout d'avoir un esprit critique plus affûté. Par ailleurs, **Jupiter** sera votre facteur chance cette année, du 5 juillet au 5 septembre (des dates à ne pas prendre à la lettre). Vous allez nouer un lien de complicité avec quelqu'un et parfois plus parce que vous aurez de belles affinités. Mais cela devrait rester platonique, normalement. Ce sera quelqu'un qui peut vous guider et dont vous apprécierez beaucoup l'intelligence. Il y aura quelque chose de fraternel entre vous.

> 3e DÉCAN

Neptune n'en a pas terminé avec vous, elle est encore conjointe à votre Soleil et, en bonne planète « double », elle peut autant être positive que négative. Cela dépend de ses états dans votre thème natal, si elle est forte ou non. En tout cas, c'est la planète des illusions/désillusions et il faut en tenir compte en développant votre sens critique. Si vous êtes déjà de ceux qui doutent, très bien. Mais en général le doute est assez faible chez les Poissons, et c'est la meilleure parade à **Neptune**, qui nous fait prendre souvent des vessies pour des lanternes. Heureusement, et c'est une chance, **Uranus** commence à vous regarder (depuis quelque temps déjà) et il vous vient à l'esprit que vous pourriez vous libérer, vivre et penser autrement. Certains ont peut-être commencé à chercher comment laisser tomber leurs illusions, les autres feront de même cette année, ce qui à la longue sera extrêmement positif. Par ailleurs, **Jupiter** éclairera votre secteur d'argent du 4 avril au 16 mai et vous permettra peut-être d'augmenter vos revenus pendant cette période. Et si c'est le cas, essayez d'épargner.

Vos prévisions 2023

mois par mois

Janvier

SIGNE DU MOIS: CAPRICORNE

> 1er DÉCAN

Ce mois-ci c'est Mars qui vous enverra les influx les plus significatifs. Elle occupera un secteur qui parle d'argent et, apparemment, on tarde à vous payer ce qu'on vous doit, vous avez beau réclamer, rien ne se passe ! Mais votre patience sera récompensée après le 13, et avant le 30 vous aurez obtenu ce que vous réclamiez à cor et à cri. Même si vous ne vous êtes pas forcément manifesté auprès de l'organisme ou de la personne qui vous devait de l'argent, vous en avez été énervé intérieurement. Un conseil : dans ce cas, ne gardez pas colère et énervement pour vous, mieux vaut vous en débarrasser en faisant de l'exercice par exemple.

> 2e DÉCAN

La première semaine du mois devrait être un des meilleurs moments de ce début d'année, en particulier né autour des 5, 6 mai. En effet, le Soleil et Uranus seront en phase, et cela devrait vous inciter à mieux accepter les changements qui sont en cours, ou en tout cas à mieux les gérer si c'est vous qui les avez décidés. Si vous êtes de ceux qui sont en mauvais termes avec leur supérieur, il se peut que vous parveniez à prendre de la distance et à être moins sensible à ses comportements avec vous. Et si vous êtes en train de prendre votre indépendance, vous aurez une idée ou recevrez un conseil qui vous sera très utile pour vous développer.

> 3e DÉCAN

Ce mois est particulier dans la mesure où la planète régnante est Saturne et qu'elle est en dissonance avec vous. Les soucis que vous avez connus l'année dernière sont encore d'actualité, mais plus pour longtemps. Ces soucis concernent probablement votre travail, les uns ayant arrêté de bosser (retraite ?) et les autres étant sans emploi pour le moment. Et c'est un gros souci parce que vous avez le sens des responsabilités et que vous avez besoin de l'apport financier de votre travail pour pouvoir vivre normalement. Toutefois, des aides sociales peuvent contribuer à une amélioration de votre situation, même si ce n'est pas grand-chose.

CÔTÉ CŒUR

Vénus en Verseau risque de créer un climat un peu tendu entre vous et votre conjoint, ou avec vos enfants. Peut-être serez-vous plus exigeant que d'habitude sur le respect que l'on vous doit ? Mais il est aussi possible que ce soient les autres qui vous demandent beaucoup : votre entourage pourrait se reposer entièrement sur vous, surtout si vous leur avez donné l'habitude de prendre certaines choses en charge. En conséquence, vos sentiments ne seront pas aussi tendres que d'habitude. Célibataire, vous serez plus occupé par vos activités et par votre réussite professionnelle que par vos amours.

COMMENT POSITIVER ?

Les forces du Capricorne sont sa rigueur et sa persévérance. Vous avez tout intérêt à vous les attribuer pendant que le Soleil sera en phase avec vous :2e décan jusqu'au 10,3^{e} décan du 10 au 20. Il semble acquis que si vous développez ces qualités, cela servira vos intérêts matériels. Cette configuration vous dit également de vous tenir légèrement à distance de ceux qui vous entourent afin qu'ils n'aient pas l'impression que vous vous inquiétez pour eux – ce qui est souvent le cas : pour vous, aimer c'est s'inquiéter pour l'autre.
À NOTER : la nouvelle Lune du 21 janvier, a lieu dans le 1^{et} décan du Verseau et regarde les natifs du mois d'avril. Elle vous dit de faire l'effort de vous créer des objectifs innovants, de manière à sortir de votre routine et aussi de votre zone de confort. Mais il faut également écouter les conseils qu'on vous donne, surtout si vous avez envie de faire bouger les lignes : il est possible que vous ayez envie de changer de boulot, ou de statut dans votre entreprise.

Février

SIGNE DU MOIS: VERSEAU

> 1er DÉCAN

Libéré des contraintes imposées fin janvier par le Soleil Verseau, vous aurez encore le transit de Mercure en Verseau à supporter entre le 11 et le 19. Une journée à peine pour chacun, où vous aurez probablement un rendez-vous que vous jugerez important pour votre vie professionnelle, ou une discussion tout aussi importante et au cours de laquelle certains objectifs professionnels ou personnels seront fixés. Par ailleurs, si vous avez eu des soucis administratifs ou à propos d'une succession voire d'une somme que l'on vous doit, cela devrait s'arranger avec le départ définitif de Jupiter vers d'autres horizons le 20 du mois.

> 2e DÉCAN

Les contraintes qui ont gêné le 1et décan seront votre lot jusqu'au 9, puis vous aurez un agréable sentiment de liberté à partir du 20, vous pourrez exprimer ce que vous avez sur le cœur et vous défaire d'un poids. Par ailleurs, né entre le 1er et le 10 mai, vous recevrez ce mois-ci des influx de Mars en Gémeaux, ils vous inciteront à réclamer ce qu'on vous doit, sans prendre de pincettes. Mais la situation n'évoluera peut-être pas comme vous le pensez, Jupiter entamant un aspect avec vous à partir du 20. Vous pourriez subir une injustice ou constater qu'on vous juge un peu sévèrement alors que vous ne le méritez pas. Cela dit, la situation se dénouera rapidement le mois prochain.

> 3e DÉCAN

Courage ! Saturne vous pose encore pas mal de limites ce mois-ci, mais c'est la fin ! Elle quittera le Verseau le mois prochain et sera alors en harmonie avec votre signe. Toutefois, la situation peut être difficile ce mois-ci, le Soleil rencontrera Saturne la semaine du 13 et si vous êtes de la fin du signe (né après le 17 mai), l'ambiance ne sera pas géniale, vous serez dans la crainte d'un événement, à moins que vous ne vous sentiez bloqué, dans tous les sens du terme. Par ailleurs, si vous êtes né avant le 16 mai, vous devez déjà ressentir les influx d'Uranus et l'instabilité qu'ils provoquent, probablement dans votre vie professionnelle qu'il va falloir réinventer.

CÔTÉ CŒUR

Chez vos amis Poissons jusqu'au 20, Vénus milite pour l'amour universel et vous invite à aimer sans distinction d'âge, d'origine ou de sexe. En fait, sous cette conjoncture, c'est l'humanité dans son ensemble que vous devriez embrasser, mais l'espace d'un jour ou deux, parce que vous serez content de quelque chose et que vous éprouverez de la gratitude. Cela dit, elle peut s'exprimer d'une autre manière qu'à travers le sentiment d'aimer tout le monde… Par ailleurs, l'amitié sera également une très bonne compensation si vous vivez des moments difficiles dans votre couple ou en famille. N'hésitez pas à appeler vos amis si vous avez un coup de blues.

COMMENT POSITIVER ?

En n'essayant pas à tout prix de conserver vos acquis. Il y a des moments où il faut savoir lâcher prise et c'est ce qui vous est conseillé si vous voulez tirer du positif de ce mois Verseau. Ce signe est un spécialiste des grands nettoyages (par le vide le plus souvent) et c'est ce que vous devriez faire, ou ce que la vie vous impose de faire. Bien entendu, dans certaines situations il faut tenir bon et vous dire que la roue va forcément tourner, mais il y a d'autres situations où il est dans votre intérêt de passer à autre chose. C'est à vous de décider.
À NOTER : la nouvelle Lune du 20 février sera déjà en Poissons (1er décan) et si vous êtes né en avril, elle sera positive pour vous car elle vous donnera confiance dans l'avenir. Le chemin vous semblera dégagé, surtout parce que les tracasseries liées au transit de Jupiter en Bélier seront terminées, peut-être après des mois de conflit pour certains. Et comme le Soleil Poissons sera en relation avec vous jusqu'au 1er mars, cette période correspondra à une sorte de repos du guerrier.

SIGNE DU MOIS: POISSONS

> 1er DÉCAN

Plusieurs planètes légères mettront l'accent sur les Poissons, qui parlent de vos projets, ainsi que de votre réseau relationnel. Mais l'important ce mois-ci, c'est l'entrée de Saturne en Poissons, son dernier passage dans ce signe datant de 1994. La planète restera en phase avec vous toute l'année et indique qu'un sérieux projet est en cours, ou que vous allez reprendre des études, voire faire une formation après avoir décidé de changer de direction professionnellement. C'est une configuration qui vous invite aussi à faire un tri dans vos relations, à garder celles de toujours, qui vous sont fidèles, ou celles qui vous sont utiles, et à éliminer les relations trop superficielles à votre goût.

> 2er DÉCAN

Pas encore de Saturne pour vous, mais Uranus étant sur votre Soleil vous avez forcément des idées de changement en tête ; il est donc rassurant de savoir que vous pourrez construire ou reconstruire votre vie l'année prochaine. Mais pour l'instant, vous recevrez des influx de Jupiter en Bélier tout le mois et il se peut que vous prépariez quelque chose vous aussi, mais pas quelque chose de sérieux comme le 1et décan. C'est plutôt une affaire financière qui sera au centre de vos préoccupations : avec Jupiter, nous l'avons vu, il peut s'agir de finaliser un héritage, du produit d'une vente ou encore d'un dédommagement qui vous est dû. Il va peut-être falloir mettre le poing sur la table...

> 3er DÉCAN

Pour vous aussi il sera question d'argent ce mois-ci puisque vous recevrez les derniers influx de Mars, qui circule précisément dans votre secteur matériel, lequel gère également vos besoins et votre confort personnel. Mars n'étant pas toujours très facile à vivre, vous pourriez avoir à réclamer votre rémunération si elle n'a pas été versée en temps et en heure. Vous recevrez Mars pendant quelques jours chacun et il est possible aussi que vos besoins sensuels se fassent plus exigeants. Si vous êtes en couple, pas de problème, mais si vous êtes seul vous aurez tendance à compenser en mangeant ou en buvant davantage. Et comme vous vous souciez de votre poids les Taureau, canalisez vos envies !

CÔTÉ CŒUR

Il va falloir prendre un peu de recul jusqu'au 16. En effet, Vénus ne sera pas très valorisée et vous-même ne serez pas très satisfait de vos amours pendant ce laps de temps (2e et 3e décans). Vous vous inquiéterez pour votre partenaire, ou alors vous vous sentirez seul... Et c'est là où l'amitié vous sera très utile. Toutefois, après le 16, Vénus sera chez vous, en Taureau et l'ambiance changera du tout au tout. Pour ceux d'avril, elle sera en bon aspect avec Saturne et vous serez heureux de constater que vous avez pu consolider votre relation, ou que vous avez appris à apprécier votre propre compagnie.2e décan, Vénus sera conjointe à Uranus en fin de mois et il risque d'y avoir du ramdam. Un coup de foudre ou une rupture ?

COMMENT POSITIVER ?

Plus vous aurez un comportement amical de type Poissons, c'est-à-dire plus vous serez dans la générosité et dans l'entraide, plus vous aurez le sentiment d'être utile. Un sentiment que n'ont peut-être pas les natifs du 2e décan qui reçoivent Uranus et qui peuvent être déstabilisés par le besoin de changement qui se manifeste. Sachez qu'en période Poissons, l'entraide fonctionne dans les deux sens. C'est-à-dire que si vous avez besoin d'un coup de main, il ne faut surtout pas hésiter à demander, on vous le donnera sans problème. L'amitié vous apportera beaucoup.

À NOTER : la nouvelle Lune du 21 mars se tient dans le 1^{et} décan du Bélier, au tout début du signe quelques heures après que le Soleil est entré lui-même en Bélier. Il sera donc rejoint par la Lune à 19 h 24 le 21. Cela se passe dans votre secteur 12, qui vous incite parfois à entretenir des rancunes. Mais la nouvelle Lune vous dit de passer à autre chose, de vous montrer magnanime avec la personne à qui vous en voulez, votre charge mentale sera moins lourde !

SIGNE DU MOIS: BÉLIER

> 1er DÉCAN

Quand le Bélier domine, c'est Mars (sa planète) qui est aux commandes. Et, bonne nouvelle, elle sera en harmonie avec vous jusqu'au 14, tout en étant en bon aspect avec Saturne. Votre force et votre détermination seront à leur maximum et seront mises au service de vos projets. Vous avez sûrement des idées en tête et l'envie de les concrétiser, qu'il s'agisse de travail ou de questions personnelles. Sachez que vous n'avez aucun obstacle – en tout cas pas sur votre décan solaire – et vous pouvez vous faire confiance quant à vos capacités. Vous serez même multitâches ce mois-ci, tant votre énergie sera bien employée et mise au service d'actions positives.

> 2e DÉCAN

À partir du 14, ce sera à votre tour de recevoir les bons aspects de Mars qui se montrera généreuse sur le plan énergétique (jusqu'au 2 mai). Elle sera en harmonie avec Uranus, une excellente conjoncture pour démarrer un nouveau job par exemple, pour faire une formation un peu spéciale, ou encore pour vous débarrasser d'un proche qui ne vous traite pas aussi bien que vous le méritez. Vous balayerez tout ce qui peut faire obstacle et la fin du mois pourrait vous voir surpris/e par une proposition à saisir rapidement ; quelque chose d'imprévu et qui peut, momentanément, vous déstabiliser parce que vous ne vous y attendiez pas.

> 3e DÉCAN

Jupiter occupe à présent votre secteur 12, il se peut donc que vous soyez en pleins préparatifs, certains ayant décidé de changer de vie (né avant le 16 mai). Enfin, vous ne l'avez pas tous décidé, cela s'est imposé parfois malgré vous. Jusqu'au 16 mai, Jupiter vous regardera et vous invitera à préparer une action ciblée, surtout s'il s'agit d'une affaire financière et qu'elle vous pose problème. Apparemment vous trouverez de l'aide auprès de quelqu'un de spécialisé ou auprès d'un groupe, d'une communauté. Et comme nous l'avons vu cela peut concerner un héritage ou un dédommagement, voire des aides publiques.

CÔTÉ CŒUR

le 3e décan sera plutôt chanceux jusqu'au 11 car Vénus viendra se joindre à votre Soleil et vous donner de l'amour. Ou c'est vous qui en donnerez… En tout cas, vos sentiments seront au premier plan et se développeront de manière exponentielle si vous êtes né autour du 17 mai. Après le 11, Vénus occupera votre voisin les Gémeaux, où elle est beaucoup moins sensuelle que chez vous. Elle occupe un secteur qui gère vos besoins, surtout vos besoins financiers et alimentaires. C'est par le biais de la nourriture que beaucoup éprouveront du plaisir (1er et 2e décans, deux jours chacun). Attention à votre poids, en tout cas si vous le surveillez.

COMMENT POSITIVER ?

Ce qui vous aidera à positiver ce mois-ci c'est d'être un peu moins exigeant avec ceux que vous aimez. Vous connaissez la valeur des sentiments que vous avez pour eux, et vous entendez bien qu'ils vous rendent la pareille. C'est une question d'équilibre des forces, importante pour vous dans le couple, ou même dans toute relation. Toutefois, étant donné que les autres n'ont pas la même façon d'aimer que vous, il faut que vous fassiez des concessions, c'est indispensable.

À NOTER : la nouvelle Lune se forme le 20, sur le dernier degré du Bélier, donc encore dans votre secteur 12. C'est la 2e nouvelle Lune dans ce signe puisque celle du 21 mars était déjà en Bélier. Elle forme une dissonance avec Pluton dont nous avons vu qu'elle pouvait avoir une forte influence sur le 1et décan ; mais cela dépend de votre année de naissance. Votre force ne sera pas vraiment une force mais une inflexibilité qui peut vous être reprochée ; vous n'écouterez personne et pourtant on vous donnera de bons conseils concernant votre avenir.

SIGNE DU MOIS: TAUREAU

> 1er DÉCAN
Votre anniversaire sera déjà passé quand le mois commencera, mais la vie vous fera tout de même un cadeau, et un beau (en principe) avec l'entrée de Jupiter dans votre signe le 16. Je dis « en principe », car la planète formera une dissonance avec Pluton et que, pour quelques-uns, ce sera plus pénible qu'il n'y paraît. Ce sont des forces antagonistes que vous tenterez d'utiliser à toutes fins utiles pour atteindre l'un de vos objectifs matériels. Mais il faudra veiller à ne pas vous imposer des obligations qui ne peuvent qu'épuiser vos énergies, tant vous vous demanderez l'impossible. En outre, vous ne pardonnerez pas aux autres d'être imparfaits. Ce sera plus facile à vivre si vous décidez d'être dans l'ouverture et non dans l'intolérance.

> 2e DÉCAN
On vous souhaitera un bon anniversaire entre le 1er et le 11 mai, une bonne période pour presque tous puisque vos qualités (et défauts) seront mises en avant. Toutefois, certains devront faire front à des pressions et à de l'anxiété lors de la rencontre entre le Soleil et Uranus la semaine du 8, étant entendu que vous en ressentirez les tensions bien avant. Cela concerne surtout ceux nés les 9 et 10 mai et qui sont face à quelque chose d'inéluctable. Un changement qu'il faudra accepter et que votre nature conservatrice aura du mal à digérer. Toutefois, soyez patient, Jupiter fera du bon boulot avec vous à partir de la fin du mois prochain.

> 3e DÉCAN
C'est en fin de mois qu'Uranus abordera votre décan pour la première fois, mais étant donné que cette planète est lente et produit des changements par étapes, vous savez déjà ce que représente son

transit. Il est important, vous ne l'aurez plus, la planète ne passe par votre signe que tous les 84 ans… Et il ne vous marquera que si elle était forte dans votre thème de naissance. Par exemple, elle était opposée à vous si vous êtes né en 1979, ou elle était en dissonance pour ceux nés au début des années 2000. Dans ces cas, vous risquez d'être remué par Uranus parce que vous devrez changer de direction, ou supporter un stress que vous n'aurez pas la possibilité de chasser.

CÔTÉ CŒUR

Vénus entrera chez l'ami Cancer le 7 et s'adressera à votre 1[et] décan jusqu'au 16, au 2e du 16 au 26, au 3e du 26 au 5 juin. Soyez sûr que vous pourrez compter sur vos proches, en tout cas si vous faites partie de ceux qui ont des problèmes à cause du transit d'Uranus. Mais les natifs d'avril et ceux nés avant le 9 mai n'ont pas de gros soucis et ils apprécieront ce transit de Vénus dans la mesure où elle intensifiera la complicité avec votre partenaire : vous penserez les mêmes choses et aurez les mêmes centres d'intérêt concernant l'actualité, par exemple (élections ?). Si vous êtes célibataire, un petit flirt s'annonce, quelque chose d'amusant et qui, en vous occupant la tête, vous changera les idées.

COMMENT POSITIVER ?

Si vous êtes de ceux qui ressentent les tensions uraniennes, il sera bien entendu important que vous positiviez. Et il faudra le faire sur le plan physique de manière à ce que le stress ne se transforme pas en douleur, en souffrance physique. Pour cela, la détente, la relaxation, la cohérence cardiaque seront des aides très précieuses. Si cela ne suffit pas, si vous êtes vraiment débordé par le stress, allez voir quelqu'un, un naturopathe, qui vous aidera avec des produits qui ne sont pas dangereux pour votre organisme. Vous pouvez aussi essayer la sophrologie.

À NOTER : la nouvelle Lune du Taureau se fait le 19 dans le 3e décan du signe, mais tout à la fin, sur le Soleil des natifs du 19 donc. Cette nouvelle Lune étant en bon aspect avec Pluton qui recule et va revenir en Capricorne, vous aurez la Force en vous, une volonté de puissance que Neptune (en bon aspect avec vous aussi) peut accentuer. Ce pouvoir qui vous est confié, il ne faut surtout pas en abuser sous peine de vous le voir retiré. Les cadeaux plutoniens peuvent être empoisonnés si on ne les gère pas bien.

SIGNE DU MOIS: GÉMEAUX

> 1er DÉCAN

C'est un mois important puisqu'il voit Jupiter traverser votre décan en formant un aspect harmonieux avec Saturne. C'est une configuration qui parle d'équilibre, de raison, d'ambition et d'objectifs atteints. Cela dépend de votre thème natal bien sûr, mais on peut penser que vous êtes vraiment dans une phase ascensionnelle et que rien ne pourra vous arrêter, d'autant plus que Jupiter dans votre signe accentue votre côté têtu et persévérant. Se mettre en travers de votre route sera donc peine perdue, vous effacerez facilement tous les obstacles. Et si vous avez un projet dans les tuyaux, c'est du sérieux ! Bien construit, il ne peut que vous satisfaire.

> 2e DÉCAN

Vous serez moins serein que le 1et décan à cause d'une dissonance de Mars qui sera active du 7 au 23. Il est possible que vous ayez à vous battre pour récupérer une somme qu'on vous doit, et il peut s'agir probablement de votre salaire, ou d'une somme que vous touchez habituellement. Vous trouverez qu'on se fiche de vous et cela vous mettra en colère (2 ou 3 jours, pas plus). Et vous serez aidé par un proche de bon conseil entre le 17 et le 23 : quelqu'un qui sait très bien comment agir pour que les autres fassent leur devoir et vous donnent ce qui vous revient. Il n'empêche qu'il y aura de nombreuses discussions à ce sujet pendant la période.

> 3e DÉCAN

À partir du 23, ce sera à votre tour de recevoir la dissonance de Mars, qui serait banale si elle n'était pas en relation avec Uranus, elle-même conjointe à votre Soleil. Né autour des 11, 12 mai, cela signifie que vous serez débordé par vos émotions et que vous aurez une forte réaction : elle peut vous inciter à couper net avec quelqu'un, ou à prendre une décision que vous risquez de regretter par la suite. Aussi ne vous laissez pas emporter, c'est le meilleur conseil à vous donner. Maintenant, il est possible que cela ne vienne pas de vous et que quelqu'un de proche prenne ses distances avec vous de manière un peu trop brusque selon vous.

CÔTÉ CŒUR

Ça ne sera pas non plus le domaine le plus serein et le plus agréable, en tout cas pour ceux du 3e décan. Et même ceux du 1et décan seront contrariés la semaine du 5 par la dissonance que Vénus formera avec Jupiter. Un aspect susceptible de vous porter à exagérer votre ressenti et parfois même à vous tromper, à en vouloir à quelqu'un qui ne le mérite pas. Il y a de toute manière de l'excès dans l'air avec cet aspect. Par ailleurs, c'est en fin de mois qu'un problème se posera pour ceux du 3e décan et surtout nés vers les 12, 13 mai. Il peut y avoir de la casse, quelqu'un vous ayant poussé dans vos retranchements. À moins, autre événement désagréable pour un Taureau, que vous n'ayez à déménager, à abandonner un lieu que vous aimez.

COMMENT POSITIVER ?

Vous avez tout intérêt à rester très pragmatique, à penser avant tout à vos intérêts et à utiliser votre sens pratique en toutes circonstances, en y ajoutant l'agilité mentale des Gémeaux. C'est-à-dire que vous ne devriez pas rester fixé sur vos idées et sur vos certitudes. Un peu de souplesse vous sera très utile pour ne pas vous mettre dans une situation où votre nature vous porterait à « casser » plutôt qu'à plier. Mais il est vrai que votre orgueil est votre principal obstacle, en ce sens qu'il rigidifie tout et qu'il peut vous demander de ne pas plier.
À NOTER : la nouvelle Lune des Gémeaux se fait le 18 dans le 3e décan du signe et en dissonance avec Neptune. Cela ne devrait pas avoir d'impact important sur votre 3e décan, sauf que, peut-être, sa dissonance avec Neptune peut vous valoir une très légère déception si vous attendiez qu'on vous paye quelque chose ou que l'argent de vos économies vous rapporte davantage. En revanche, évitez de faire un achat autour de cette date, vous en seriez mécontent.

SIGNE DU MOIS: CANCER

> 1er DÉCAN

Mars, planète qui gère vos énergies, sera en bon aspect avec vous à partir du 10 et jusqu'au 27 du mois. Pendant la période, elle aura le loisir de former un bon aspect avec Saturne. Alors là, vraiment, vous serez doté d'une détermination sans faille pour atteindre vos objectifs et réussir ce que vous avez entrepris. Personne ne pourra se mettre en travers de votre route et vous serez parfois tellement concentré sur ce que vous faites, que vous n'entendrez même pas les autres vous parler ou aller et venir autour de vous. C'est une excellente conjoncture aussi pour démarrer quelque chose, ou vous inscrire à l'endroit de votre choix si vous êtes étudiant.

> 2e DÉCAN

Et voilà, Jupiter s'installe chez vous et va rester directe (active) au moins jusqu'au 5 septembre. Vous semblez être verni, à moins que Jupiter ne soit très mal servie dans votre thème de naissance. Quoi qu'il en soit, la planète met l'accent sur tout ce que vous avez de positif en vous et surtout sur votre volonté de vous développer, de saisir toutes les occasions qui passent et qui pourraient vous faire progresser. La seule chose que vous pouvez craindre de Jupiter c'est d'être négligent avec certains organismes que vous devez payer, et dans ce cas ils ne se gêneront pas pour se rappeler à vous, et parfois de manière assez désagréable.

> 3e DÉCAN

Vous recevrez une dissonance de Vénus tout le mois. Ce n'est jamais méchant, puisque la planète en elle-même est positive... Toutefois, elle avance et elle recule, ce qui augure des attentes, des incertitudes, des humeurs très variables. Cela peut concerner votre argent comme votre vie sentimentale. Côté finances, il se peut que vous attendiez impatiemment de l'argent qui pourrait provenir de votre famille, celle-ci pouvant vous faire une donation. Mais vous pouvez aussi attendre qu'on vous prête une somme qui vous permettrait d'acheter un bien ou de changer la décoration de votre maison (ou appartement). En espérant que cela viendra avant le 23, parce qu'après Vénus rétrograde.

CÔTÉ CŒUR

Comme le mois dernier Vénus occupe donc le Lion et surtout, nous venons de le voir, le 3e décan. Elle ne rétrogradera que le 23, donc d'ici là elle sera positive, sauf les premiers jours de ce mois où elle sera en dissonance avec Uranus. Il y aura des remous, des tensions, des clashs, en particulier pour ceux nés autour du 12 mai. Vous êtes dans un processus visant à vous rendre moins dépendant des autres et cela peut, hélas, passer par une rupture – peut-être provisoire. Après le 9, Vénus sera moins « secouée » par Uranus et si vous êtes né après le 16 mai vous pourriez renouer avec quelqu'un, ou revoir l'un ou l'une de vos ex. Ce qui risque de vous inciter à vous poser des questions.

COMMENT POSITIVER ?

Pour améliorer votre situation, il serait judicieux d'utiliser les forces du Cancer et tout d'abord son intuition et sa perspicacité. Il a également un côté accrocheur et vous aurez donc intérêt à ne pas lâcher prise, à ne pas laisser tomber ce que vous entreprenez en cours de route, surtout sur le plan affectif. Vous serez parfois un peu léger dans ce domaine, vous jouerez avec les cœurs, or ce n'est pas du tout la ligne de conduite du Cancer qui prend ses relations très au sérieux. Il va falloir trouver un compromis entre votre désir et ce qu'on attend de vous.

À NOTER : la nouvelle Lune du Cancer a lieu le 17 dans le 3e décan de ce signe ; elle forme un bon aspect avec Uranus, elle-même en bon aspect avec vous. Il y a donc de la nouveauté au programme de cette nouvelle Lune, ou alors quelque chose de totalement imprévu. Il peut s'agir de l'arrivée « d'une pièce rapportée » dans la famille, l'un de vos proches s'étant mis avec quelqu'un que vous allez devoir accepter et ce n'est pas gagné. Il va vous falloir du temps…

SIGNE DU MOIS: LION

> 1er DÉCAN

Certes Saturne est en bon aspect avec vous, mais même dans ce cas il arrive qu'elle vous ennuie, pas beaucoup, mais quand même un peu. Elle sera opposée à Mercure les premiers jours du mois et si vous partez en vacances, par exemple, attendez-vous à avoir des problèmes de circulation (ce qui est normal, cela dit). Mais la mécanique peut aussi vous lâcher et vous pourriez tomber en panne. Comme vous le voyez, rien de grave, juste un ou deux détails matériels qui vous mettront de mauvaise humeur. Mercure ne sera plus opposée à Saturne après le 5 et vous serez tranquille jusqu'au 23, où c'est le Soleil qui s'opposera à Saturne : prévoyez un retard lors de votre retour de vacances ou si vous devez démarrer un travail.

> 2e DÉCAN

Ce mois d'août démarre sur les chapeaux de roues avec une harmonie entre Mars et Jupiter, valable pour pratiquement tout le décan. Et le reste du mois sera sur le même tempo, un peu fatiguant pour ceux qui vous entourent ! En tout cas, Mars occupe le secteur qui représente vos loisirs, vos plaisirs, ainsi que les enfants, et Jupiter est chez vous ! Soit vous allez passer des vacances très dynamiques, voire sportives avec vos enfants, soit vous allez accueillir un enfant chez vous. Une naissance, chez vous ou au sein de votre famille, et vous en serez très content/e. Mais vous développerez une très forte volonté dans tout ce que vous ferez et elle sera parfois excessive.

> 3e DÉCAN

Si vous êtes né autour des 13, 14, 15 mai, vous recevez la conjonction d'Uranus, planète des contraintes et du besoin de liberté que ces contraintes imposent. Ce sera actualisé par le passage du Soleil en

Lion entre le 10 et le 18 du mois. Il est possible que ce que vous avez prévu soit reporté ou ne se fasse pas, suite à un changement de dernière minute. Ou alors c'est vous qui changerez d'avis de manière inattendue, peut-être parce que quelqu'un se sera décommandé pour les vacances ? Ce sera bien entendu très différent pour les autres Taureau qui seront en famille et dans un lieu qu'ils connaissent bien.

CÔTÉ CŒUR

Vénus rétrograde toujours en Lion, et va du 3e décan en début de mois au 2e décan à partir du 14 août. Dans le 3e décan, elle sera en dissonance avec Uranus la semaine du 7 et cela peut provoquer de nouvelles tensions dans votre couple. À la rigueur, il vaudrait mieux que vous ne partiez pas en vacances ensemble (si le problème touche votre couple). Célibataire, il est possible que vous vous sentiez rejeté par quelqu'un qui vous plaît. En ce qui concerne ceux du 2e décan, Vénus sera en dissonance avec Jupiter (qui est dans votre décan) à partir du 16 et vous aurez tendance à trop en faire pour plaire ; vous voudrez plaire à tout le monde ! Cela ne vous dérangera pas vous personnellement, mais ceux qui vous entourent trouveront que vous exagérez.

COMMENT POSITIVER ?

La famille et le sentiment de protection qu'elle vous apporte, ou votre volonté d'être vous-même le plus protecteur possible vis-à-vis de ceux que vous aimez, voilà ce qui comptera ce mois-ci. L'important sera d'avoir un refuge et si vous n'avez pas de famille, vos amis seront là pour vous aider à vous sentir bien entouré.3e décan, c'est surtout vous qui avez des problèmes et qui pouvez, éventuellement, vous sentir rejeté. Du coup, encore une fois la famille ou une maison familiale sera une bonne protection.

À NOTER : la nouvelle Lune du 16 août se fera dans le 3e décan du Lion et sera en dissonance avec Uranus. Né autour des 13, 14, 15 mai, il est possible que les tensions dont il a été question soient accentuées par cette nouvelle Lune, qui met l'accent sur la famille et sur les changements qu'elle peut avoir à subir. Un enfant qui quitte le foyer par exemple, un déménagement, de gros travaux dans la maison. Tout ceci étant susceptible de vous angoisser parce que cela vous dérange dans vos habitudes. Toutefois, votre vie professionnelle peut aussi être en question.

Septembre

SIGNE DU MOIS: VIERGE

> 1er DÉCAN

Mars est la seule planète à s'occuper de vous jusqu'au 12 et elle occupe la Balance. Ce signe représente, pour tous les Taureau, le domaine du quotidien et comment vous l'occupez, le travail essentiellement, vos habitudes et rituels ensuite. Avec Mars, on peut penser que l'organisation de vos journées risque d'être un peu perturbée pendant quelques jours, peut-être parce que les conditions de travail seront difficiles, ou parce que vous serez en arrêt. Il est aussi possible qu'un collègue se montre agressif avec vous, probablement par jalousie ou parce que c'est quelqu'un qui aime la rivalité alors que vous, ce n'est pas du tout votre « truc ».

> 2e DÉCAN

C'est la Vierge qui vous influence jusqu'au 13 septembre, vous donnant du plaisir dans votre travail, et même des petits (ou gros) succès pour ceux qui reçoivent les bons influx de Jupiter. Vous serez content de vous et il est même envisageable que vous receviez des félicitations ou qu'on vous nomme à un plus haut grade. Mais c'est probablement déjà en cours depuis quelque temps. Puis du 12 au 27, Mars circulera dans votre secteur du travail et du quotidien : vous aurez probablement plus de boulot que d'habitude ou alors, ce qui serait étonnant, vous ne serez pas aussi organisé que d'habitude. Peut-être à cause de votre évolution…

> 3e DÉCAN

Ce sont les planètes lentes qui sont en harmonie avec vous, ce qui signifie que la toile de fond de votre vie est positive. D'abord Uranus vous invite à vous libérer de vos contraintes et peut-être à devenir votre propre maître, ensuite c'est Neptune qui vous regarde avec amitié et vous met en relation avec une personne qui semble avoir une bonne influence sur vous, surtout sur le plan spirituel. Et puis il y a Pluton qui vous donne du pouvoir, un sentiment de puissance. Mais je vous l'ai déjà dit, il ne faut pas abuser de ce pouvoir sur vos proches ; ni dans votre travail d'ailleurs : le pouvoir est toujours prêté, il n'est jamais donné éternellement.

CÔTÉ CŒUR

Vénus ne bougera pas beaucoup ce mois-ci et fera des allers et retours qui concerneront ceux de fin avril et début mai. Elle restera stationnaire dans votre secteur de la maison et de la famille. Elle sera deux fois en dissonance avec Jupiter, mais ce n'est pas un « mauvais » aspect. Vous le savez, Jupiter est un amplificateur et avec Vénus cela peut donner un goût un peu exagéré pour les belles choses, des dépenses que vous jugerez un peu « folles » pour votre maison ou pour des objets. Mais, surtout, il n'est pas impossible que quelqu'un du passé soit revenu dans votre vie et que vous vous posiez des questions sur l'éventuelle reprise d'une relation.

COMMENT POSITIVER ?

En toute situation, il faudra utiliser les facultés d'analyse critique et de synthèse propres à la Vierge. C'est ce qui vous aidera à réussir ce que vous entreprenez, qu'il s'agisse de votre travail ou d'autres choses. N'agissez pas à l'instinct, c'est-à-dire suivant vos impulsions, mais en fonction de vos réflexions ou des conseils qu'on pourrait vous donner. On sait que vous aimez n'en faire qu'à votre tête, mais choisissez de faire différemment ce mois-ci. Ne vous reposez pas sur vos habitudes, soyez créatif.
À NOTER : la nouvelle Lune du 15 septembre se fait dans le 3e décan de la Vierge et sourit à votre 3e décan. Elle est en bon aspect avec Uranus et si vous êtes né autour des 12, 13 mai d'importants changements positifs ou au contraire des contraintes génératrices de tensions, sont au programme et ce n'est pas nouveau. La nouvelle Lune pourrait vous aider à mieux accepter votre situation parce que vous y trouverez du positif, même si vous n'aimez pas être bousculé (si c'est votre cas).

SIGNE DU MOIS: BALANCE

> 1er DÉCAN

Du 5 au 10, Mercure occupera la Balance et vous demandera d'être précis dans votre travail. A priori, elle ne forme pas d'aspect remarquable, il suffira de bien vous organiser. Mais entre le 12 et le 27, mars occupera le Scorpion et se retrouvera face à vous, dans le secteur qui représente les autres. Attendez-vous à un rapport de force, peut-être à un conflit sur votre lieu de travail ou avec quelqu'un de proche. Doux comme vous l'êtes, vous supportez mal toute forme d'agression, même si elle n'est pas terrible ! C'est votre sensibilité qui sera heurtée par l'attitude de cette personne et vous sentirez que votre intérêt n'est pas de réagir, en tout cas pas sur le moment.

> 2e DÉCAN

Du 3 au 13, c'est le Soleil qui éclairera votre secteur du travail, comme tous les ans ! Mais cette année il n'a pas beaucoup de relations, sauf un aspect très mineur avec Jupiter, ce qui met encore plus l'accent sur ce que vous pouvez produire dans votre travail. Plus vous serez productif, mieux ce sera (pour vos finances en tout cas). En outre, aucun obstacle sur votre route, notamment à partir du 9 où plein de facilités et de petites satisfactions vous seront offertes pendant un jour ou deux. En fin de mois, après le 26, Mars s'opposera à vous et comme le 1et décan vous aurez affaire à quelqu'un de mal embouché, qui provoquera un rapport de force.

> 3e DÉCAN

Le Soleil rejoindra Mercure et ils seront en relation avec vous du 14 au 23 du mois. Ce sera une période où vous devrez être plus mobile dans votre travail, organiser vos journées en fonction du fait que vous ne resterez probablement pas assis à votre bureau. Et si vous ne travaillez pas, ce sont vos enfants qu'il faudra faire travailler, ou votre maison, votre jardin qui réclameront que vous vous occupiez d'eux ! Ne négligez pas un éventuel rendez-vous de contrôle chez votre médecin, ou de faire les examens ou analyses que vous devez faire régulièrement. Et faites-vous vacciner contre la grippe, c'est le bon moment.

CÔTÉ CŒUR

À partir du 9, Vénus visitera votre amie la Vierge, un signe un peu pudique et souvent très réservé. Et vous constaterez que c'est en gardant une certaine distance avec autrui que vous vous sentirez le plus à l'aise. Cela ne signifie pas que vous devez faire pareil dans votre couple ! Toutefois, il est possible que ce soit votre partenaire qui se montre un peu plus sur la réserve que d'habitude mais l'amour circulera de toute manière. Si vous êtes célibataire, il y a des chances pour que vous plaisiez et si vous avez la sensation que vous devez faire le premier pas, n'hésitez pas. Tout en restant observateur des signes qu'on vous envoie, encourageants ou non... Suivez votre instinct.

COMMENT POSITIVER ?

Vous n'aurez pas beaucoup d'efforts à faire pour positiver la conjoncture, elle l'est déjà ! Mais ça ne vous fera pas de mal de bien organiser vos journées, de respecter votre agenda, l'heure de vos rendez-vous par exemple. Vous avez une fâcheuse tendance à être en retard, à faire attendre les autres. Mais ce n'est pas votre intérêt ce mois-ci, la Balance vous dit d'être respectueux et attentionné vis-à-vis de ceux avec qui vous êtes en relation. Vous en retirerez un avantage, c'est que peut-être ils vous considéreront différemment (3e décan surtout).

À NOTER : la nouvelle Lune du 14 se forme dans le 3e décan de la Balance, et ne reçoit aucun aspect vraiment marquant. Si vous êtes né autour du 12 mai, vous y serez peut-être plus sensible et elle n'aura pour effet que de booster le secteur où elle se trouve, c'est-à-dire celui du travail, de la vie quotidienne et de la forme. Il est possible que vous vous investissiez dans un boulot ou une activité qui vous demande de la précision, ou que vous preniez rendez-vous avec votre toubib.

Novembre

SIGNE DU MOIS: SCORPION

> 1er DÉCAN

La symbolique Scorpion imprègne ce mois qui peut, si vous êtes anxieux en ce moment, accentuer le problème. Mais il semble que vous avez pris de la force, que vous êtes nettement moins sensible à l'anxiété, Saturne étant toujours en bon aspect avec votre décan. La planète reprend en effet une marche directe le 4 et sera donc de nouveau efficace pour vous aider à renforcer votre confiance en vous et en votre avenir. Parallèlement, votre réseau amical sera également très présent pour vous aider si besoin est. Mais tout le monde pourra compter sur vous en retour, d'ailleurs le Scorpion vous invite souvent à faire passer les autres avant vous.

> 2e DÉCAN

Le Soleil est accompagné par Mars dans sa course en Scorpion, Mars étant particulièrement forte dans ce signe. Les deux étant opposés à vous, il est possible que vous ayez un conflit à gérer, que quelqu'un vous en veuille ou vous jalouse, et qu'il y ait de la rivalité dans l'air. Il se pourrait même, en début de mois, que vous trouviez la situation tellement injuste que vous serez obligé de faire appel à quelqu'un qui servira de médiateur, ou qui saura s'y prendre pour arranger les choses et éviter que ce conflit ne dégénère. Mais il se peut aussi que votre conjoint ou ami soit particulièrement de mauvaise humeur, mal embouché/e.

> 3e DÉCAN

Du 12 au 22, vous recevrez les influx du Scorpion, celui-ci étant en bon aspect avec Neptune la semaine du 13. Une configuration qui peut faire la preuve de votre générosité, de votre bonté et de votre volonté de vous dévouer aux autres. Vous avez beaucoup à donner, vous le Taureau. Dans un registre très différent il est aussi possible qu'un partenaire, affectif ou professionnel, crée une embrouille, une situation compliquée et tendue parce qu'elle vous demandera de faire un choix que vous n'aurez peut-être pas envie de faire. Cela risque de créer de la colère, du ressentiment, Mars étant toujours conjointe au Soleil.

CÔTÉ CŒUR

Vénus quittera rapidement le Scorpion pour aborder la Balance le 8. Vous connaissez la symbolique de la Balance, le Soleil et Mercure y sont passés en octobre : ce signe gère votre vie quotidienne et la façon dont vous la remplissez, votre travail, vos occupations. Vénus étant une planète de plaisir, on peut penser que vous aimerez votre travail, ou que quelqu'un à votre travail fera battre votre cœur. Mais vous resterez extrêmement prudent (à cause des possibles embrouilles). En couple, c'est la bonne période pour vous montrer attentionné et vous occuper de votre chéri/e avec tendresse et volupté. Des petites attentions quotidiennes renforceront les liens.

COMMENT POSITIVER ?

Le mieux en période Scorpion c'est d'utiliser votre intuition. On sait que votre signe est très rationnel, très terre à terre, mais écouter vos petites voix intérieures sera la meilleure façon d'éviter l'embrouille dont il a été question ou tout du moins de la voir venir et de ne pas trop vous y impliquer. Il est également important, pendant le temps où le Soleil vous regarde (une semaine en gros) de ne pas faire cavalier seul : vous devez être en confiance avec ceux que vous aimez et les laisser vous conseiller.
À NOTER : la nouvelle Lune du Scorpion se tiendra le 13 dans le 3e décan, tout en formant une opposition avec Uranus qui sera davantage ressentie par ceux nés entre le 11 et le 17 novembre. Ce nouveau départ induit par le Scorpion peut concerner votre couple et la remise en question que certains sont obligés de supporter depuis des mois. Vous avez vécu des moments de tension mais Uranus étant rétrograde, cela a dû se calmer. Quoique... Avec l'opposition de Mars la semaine du 6, l'un de vous a pu soudain jeter de l'huile sur le feu.

SIGNE DU MOIS: SAGITTAIRE

> 1er DÉCAN

Mercure va longuement rester en phase avec vous depuis le Capricorne. Cela signifie que vous aurez une belle largeur de vue et que vous serez moins enfermé dans vos certitudes. Si elles ne changent pas parce qu'elles sont une base solide pour vous, elles peuvent cependant évoluer parce que vous allez écouter des personnes qui ne sont pas du même avis que vous et que vous respectez malgré tout. La communication sera facile jusqu'au 13, date à laquelle Mercure rétrogradera et du coup, ce sera moins évident de vous faire entendre et comprendre de vos interlocuteurs. Vous aurez l'impression qu'ils sont bouchés et le font exprès !

> 2e DÉCAN

Jusqu'au 22 décembre, Mars occupera votre secteur des finances et il faudra vous y investir, y être actif : emprunts, crédits, bonus ou même héritage ou donation seront en question et ce sera à vous de réclamer ce qu'on vous doit, ou de négocier. Il se peut en effet qu'une vente ou un achat soient aussi au premier plan et que vous deviez vous motiver pour faire avancer les choses. Attention à ne pas vous montrer trop gourmand pour faire baisser ou monter les prix, en période Sagittaire vous pouvez avoir tendance à exagérer, alors que d'habitude vous avez les pieds sur terre, et que vous savez où sont les limites à respecter.

> 3e DÉCAN

Pour terminer l'année, le Soleil traverse votre secteur des finances – ce qui pourrait se révéler très positif s'il n'était pas en dissonance avec Neptune la semaine du 11. Cela concerne surtout ceux nés autour des 15, 16 mai, toutefois tout le décan pourrait en avoir des échos. Donc attention, avec Neptune il y a des risques d'embrouilles, d'erreur de jugement ou même de désillusion. Vous pourriez être déçu parce qu'une vente ou un achat ne se font pas, ou parce qu'une somme qu'on vous avait promise n'est pas à la hauteur de ce que vous attendiez. Mais cela ne durera pas, deux ou trois jours au maximum, puis vous passerez à autre chose.

CÔTÉ CŒUR

Vénus se trouvera face à vous, en Scorpion du 4 au 29 du mois. Elle démarre très bien son transit, le 4, en étant en harmonie avec Saturne et avec Mercure. Il semble donc que les natifs du 1[et] décan soient favorisés et dans une recherche d'équilibre qui pourrait aboutir, ou même avoir déjà abouti. C'est en tout cas le moment de chercher la bonne équation entre votre possessivité et le besoin de liberté de l'autre. En outre, Jupiter étant de retour chez vous, il est possible que vous ayez créé des racines solides dans votre couple. Jupiter sera rétrograde jusqu'au 31, mais même si elle est moins active ou un peu moins généreuse, il peut y avoir une belle rencontre pour les célibataires, ou le retour d'une ancienne conquête. Mais il y aura de nouveau des tensions la semaine du 18 pour le 3e décan.

COMMENT POSITIVER ?

Les qualités du Sagittaire qui pourraient vous aider ce mois-ci sont liées à sa capacité de résilience. Pour vous les Taureau, ce signe indique à la fois que vous ne lâchez jamais prise quand vous avez décidé quelque chose, mais aussi que vous avez une belle capacité à vous régénérer, à repartir du bon pied quand quelque chose n'a pas marché. Et vous ne vous arrêtez pas tant que vous n'avez pas obtenu ce que vous voulez. En outre, si vous avez traversé une période difficile, avec le Sagittaire vous pouvez commencer à remonter la pente.

À NOTER : la nouvelle Lune du 12 décembre se fait dans le 3e décan du Sagittaire et il peut autant y avoir le retour d'une crise qui a déjà eu lieu il y a quelque temps, qu'un nouveau départ. Difficile, sans votre thème, de savoir si cela se passera dans le domaine affectif ou dans celui des finances. Toutefois, étant donné les tensions de la semaine du 18, il est très possible que cela se passe avec un partenaire affectif. Mais on ne sait jamais, l'argent peut aussi être source de tension.

PARTIE II

Votre SIGNE astrologique

Vous êtes un signe de terre, responsable, raisonnable, mais aussi féminin, nourricier et protecteur. Vous révélez une nature douce, chaleureuse et sensuelle, qui s'épanouit dans l'amour partagé, mais aussi dans la possession matérielle. Pour que vous vous intéressiez à quelque chose, il faut que vous puissiez y investir une certaine quantité de libido, et en faire ainsi votre « objet ». C'est valable autant pour vos amours et votre vie professionnelle que pour vos loisirs. Même si vous adorez profiter de la vie et de ses plaisirs (vous êtes un épicurien), paresser au lit, lézarder à la plage ou vous occuper de votre jardin avec patience et persévérance, vous pouvez avoir une belle puissance de travail, surtout quand vous êtes motivé ! On vous reproche votre entêtement jusque dans l'erreur, votre lenteur, votre difficulté à accepter les changements. Votre mauvaise foi est souvent agaçante. Vous pouvez également être envahissant (sans vous en rendre compte) et très jaloux. On vous dit attiré par le profit, et très dur quand il s'agit de votre argent. Vous avez généralement une santé plutôt solide et ne vous écoutez pas trop, mais votre gorge est sensible et vous attrapez souvent des angines. Les organes génitaux sont aussi un terrain fragile. Vous n'aimez pas réellement le sport, pourtant vous auriez intérêt à en faire, car vous êtes gourmand et vous grossissez facilement.

Vous devez faire particulièrement attention à la position et aux aspects de Vénus dans votre thème.

> À L'ORIGINE

Quand on s'intéresse à l'astrologie, on ne peut ignorer qu'elle fonctionne par analogies et qu'elle doit beaucoup à la mythologie. Plusieurs figures mythiques s'apparentent au Taureau, dont le dieu égyptien Horus, gardien du ciel : au nouvel an, à Babylone, on sacrifiait un Taureau blanc pour apaiser Ramman, dieu du tonnerre et des éclairs. La sensualité du Taureau est, elle, très bien représentée par la grande Ishtar, prostituée sacrée, à laquelle aucun homme ne résiste et qui se soucie beaucoup de la beauté et de la fertilité de ses jardins... Dans la mythologie grecque, on voit Zeus prendre l'aspect de cet animal lorsqu'il éprouve du désir pour une mortelle, ou changer en vache l'objet de son désir, comme dans l'histoire d'Io. (Joëlle de Gravelaine, *Dieux et héros du zodiaque*, Robert Laffont, 1996.)

> VOTRE PROFIL PSYCHOLOGIQUE

Chaque signe a sa façon bien à lui d'exister et possède ses propres compétences. Si vous êtes Taureau, c'est parce que, au moment où vous avez vu le jour, le soleil traversait le signe du Taureau. Cela ne signifie pas que votre personnalité dans son ensemble soit de type Taureau. Les autres planètes occupaient d'autres signes, qui représentent d'autres champs de compétences susceptibles de servir votre nature Taureau. Le soleil est ce vers quoi nous tendons, ce que nous nous proposons de réaliser, notre idéal. En Taureau, il incarne le plaisir d'extérioriser son énergie et de l'investir de manière concrète pour obtenir des résultats tangibles. La force qui agit au travers du Taureau l'incite à faire fructifier ce qu'il possède et ce dans quoi il s'investit. Aussi votre besoin de conserver vous fera-t-il privilégier la sécurité et l'organisation. La tradition et ses répétitions, les habitudes, mais aussi une forme d'inertie voulue seront des pôles autour desquels se développera votre personnalité, qui s'épanouira dans la stabilité (mot-clé du Taureau). Au contraire de votre voisin, le Bélier, vous ne vous intéressez pas à l'action pour l'action, car l'action sans but vous paraît inutile. À quoi bon planter une graine, si ce n'est pas pour la voir s'épanouir et produire ce qu'elle doit produire ? Par ailleurs, le Taureau étant un signe fixe, vous aurez souvent des comportements possessifs, une persévérance et une détermination indiquant qu'un besoin impérieux doit être satisfait. Probablement celui d'être utile à quelque chose ou à quelqu'un.

> VOTRE VIE PROFESSIONNELLE

On ne le dira jamais assez, vous êtes ambitieux. Vous n'avancez pas dans votre vie sociale sans vous être bâti une sorte de « plan de carrière » que vous poursuivez de toutes vos forces. Mais, encore une fois, pour que cela fonctionne, il faut que le sol sur lequel vous avancez soit solide et stable. S'il y a des risques à prendre, et en particulier financiers, vous êtes beaucoup moins intéressé ! En effet, pour que vous soyez bien dans votre quotidien, vos revenus doivent être réguliers et vous mettre en sécurité : c'est la condition sine qua non de votre évolution. L'idéal serait que vous ne choisissiez pas votre activité en fonction de ce qu'elle vous rapportera... Mais ce n'est pas toujours facile ! Et cela n'est pas seulement la conséquence de vos besoins personnels, c'est aussi parce que vous avez l'esprit pratique et que pour vous tout est donnant-donnant. Vous savez ce que vous valez, et estimez que vous devez être payé à l'aune de cette valeur. Il n'est pas rare, par ailleurs, que vous attendiez la retraite avec impatience, car vous disposerez alors de temps pour vous occuper de ce qui vous intéresse vraiment.

> VOS DOMAINES DE PRÉDILECTION

Jeune, vous avez souvent des ambitions artistiques ou des dons créatifs que vous cherchez à épanouir. Mais si, rapidement, vous vous apercevez que vous n'arrivez pas à en vivre, vous les mettez de côté et vous investissez dans une activité de type « alimentaire ». Vous vous épanouissez dans les métiers où vous pouvez faire « pousser » quelque chose : horticulteur, agriculteur (vous aimez la vie au grand air), fleuriste. Éduquer les enfants, nourrir (restauration, commerce de bouche) ou encore faire fructifier l'argent des autres, toutes ces activités ont aussi votre faveur. Enfin, on retrouve quelques Taureau dans l'industrie du bois, du tissu, du papier.

> VOTRE PROFIL AMOUREUX

Le Taureau étant un signe de pouvoir, celui-ci trouvera à s'exprimer à travers les sentiments et la sexualité. En général, vous êtes «

gourmand » de tout et votre sensualité déborde. Il est primordial pour vous de réussir une union stable : vous avez en effet besoin de paix et d'harmonie, bref de sécurité sentimentale. L'être que vous vous mettez à aimer devient avec le temps indispensable à votre équilibre, et le perdre serait comme perdre une partie de vous. Aussi développez-vous jalousie et possessivité, par peur de le voir s'en aller. Et s'il y a des problèmes de couple à affronter, votre placidité naturelle n'existe plus et il vous arrive de vous mettre dans de terribles colères ! Mais dans le cas d'une union paisible, vous êtes tendre, attentionné et exprimez souvent vos sentiments dans un besoin de toucher l'autre, de le caresser. Vous êtes un amant ou une maîtresse hors pair, rempli(e) d'égards et d'imagination. Avec vous, on découvre tout un monde, et plus encore.

> VOTRE VITALITÉ

Vous avez une constitution robuste, mais vous adorez manger et grossissez facilement. Cela peut même être un problème quotidien chez les femmes du signe, qui passent une grande partie de leur vie à refréner leur appétit ! En effet, que ce soit pour votre ligne ou simplement pour être en bonne santé, il est indispensable que vous suiviez un régime alimentaire équilibré. Et même dans ce cas-là, il vous arrive de vous enrober parce que vous ne bougez pas assez ! Vous n'éprouvez cependant pas de difficulté à faire de l'exercice si nécessaire, surtout si vous pratiquez un sport d'équipe. Mais vous manquez souvent de rapidité et attendez des autres qu'ils prennent l'initiative. Psychologiquement, vous n'êtes pas du genre inquiet et vous ne vous rongez les sangs que lorsque vous êtes jaloux ; toutefois, vous êtes méfiant et avez souvent peur de la malhonnêteté des autres. Vous trouvez qu'ils abusent de votre gentillesse et ne vous en donnent pas beaucoup en retour. Si vos amours vous déçoivent, vous mettez du temps à accepter la séparation, et la déprime vous accompagne tant que vous n'avez pas tiré un trait sur le passé.

> VOS PRÉFÉRENCES ALIMENTAIRES

Vous aimez tout ! Chaque aliment est un plaisir que vous dégustez lentement, pour en profiter au maximum. Souvent, vous regardez, humez, détaillez vos plats sans vous jeter dessus comme pourrait le faire le Bélier. Vous les appréciez mentalement, sensuellement, avant de vous y attaquer. Résultat, vous mangez plus lentement que les autres et il n'est pas rare que l'on vous attende pour passer à la suite ou terminer le repas. Vous êtes généralement excellent cuisinier, et même artiste en la matière. Chez vous, la table est joliment décorée et les mets sont des œuvres d'art.

> ANALOGIES DU TAUREAU

• **Zones du corps :** la bouche, la gorge, le cou, la nuque. D'ailleurs, on vous reconnaît à l'épaisseur de votre cou ! Vous avez souvent des angines, des enrouements, un chat dans la gorge. Mais, c'est connu, vous avez une très jolie voix !
• **Planète maîtresse :** Vénus, la planète qui représente l'amour, le plaisir d'être et de vivre, de satisfaire tous ses besoins, appartient à votre signe. Chez vous, le plaisir est associé aux instincts les plus naturels et les plus immédiats, ceux de manger et dormir par exemple.
• **Planète exaltée :** la Lune. L'astre de la nuit est exalté dans votre signe. Il y évoque le sommeil et les rêves, la mère et le nourrisson, le lait maternel. Pour se sentir vivant, voir clair en lui, le Taureau doit se pencher sur ses rêves et ses émotions profondes.
• **Planète en exil :** Mars. La planète qui représente les instincts primaires et le désir est en exil dans votre signe, ce qui ne veut pas dire que ses principes ne sont pas actifs, au contraire. Passer du besoin au désir, c'est le travail que vous devez accomplir.
• **Planète en chute :** Uranus, la planète qui représente la capacité à devenir autonome, à se différencier et à prendre son indépendance, est en chute dans votre signe. Uranus a pour mission de trier, de sélectionner, et vous Taureau, vous voulez tout ! Si vous intégrez bien ses principes, elle vous aidera à substituer les besoins aux désirs. (Gisèle Borie et Géraldine Jouin, *L'Astrologie : l'interprétation des signes par les mythes*, Éd. du rocher, coll. « L'homme et l'univers », 1990.)
• **Plantes :** le pommier, le poirier, le figuier, le cyprès, la rose, le coquelicot, la pâquerette, la violette.
• **Couleurs :** le vert pâle, le rose (les teintes pastel en général).
• **Pays et villes :** Irlande, suisse, Iran, Capri, Dublin, Palerme.

• **animaux** : les bovins, évidemment. Mais les petits animaux de compagnie sont également très prisés.

> TAUREAU CÉLÈBRES

Jessica Alba, Lily Allen, Élisabeth II d'Angleterre, Cate Blanchett, Cauet, Sofia Coppola, Penélope Cruz, Marianne Denicourt, Arielle Dombasle, Kirsten Dunst, Jacques Dutronc, Virginie Efira, Sigmund Freud, Michel Fugain, Estelle Lefébure, Audrey Hepburn, Thomas Hugues, Nicolas Hulot, Gérard Jugnot, Anne-Sophie Lapix, Michel Leeb, Benoît Magimel, Anna Mouglalis, Jack Nicholson, Christine Ockrent, Tony Parker, Renaud, Véronique Sanson, Jerry Seinfeld, Rocco Siffredi, Uma Thurman, Renée Zellweger.

Votre ascendant

L'ascendant, ou Maison I, est calculé d'après votre heure de naissance et représente le point qui se lève à l'horizon au moment où vous voyez le jour. C'est-à-dire que si vous naissez à l'heure où le soleil se lève, votre signe et votre ascendant sont les mêmes. Ensuite, l'ascendant se décale d'un signe toutes les deux heures sur la roue du zodiaque, dans le sens inverse des aiguilles d'une montre. Au contraire du soleil, qui vous renseigne sur l'aspect dominant de votre personnalité, sur l'image idéale que vous voulez montrer de vous-même, l'ascendant représente vos comportements relationnels, la façon dont votre Moi s'est construit et dont vous utilisez votre potentiel.
Pour calculer votre ascendant: twelv.love

ASCENDANT BÉLIER

Vous avez une personnalité très énergique qui vous pousse à toujours agir dans le sens de vos intérêts et avec une tonne de bon sens. Vous ne manquez certainement pas de générosité et de gentillesse, bien au contraire. Mais vous avez aussi besoin d'exister, et si l'on vous fait obstacle, vous foncez ! Plus que les autres Taureau, vous extériorisez vos émotions, quelles qu'elles soient, et appréciez de les partager, quitte à mettre vos proches mal à l'aise parfois ! Le besoin de conquérir se mêle à vos tendances passives et vous incite à passer de l'une à l'autre attitude, selon la situation et votre degré d'audace. L'impulsivité du Bélier est tempérée ici par le Taureau, qui sait très bien jusqu'où il peut aller et quelles sont les limites à ne pas dépasser. De plus, quand vous avez décidé quelque chose, il est totalement impossible de vous faire changer d'avis !

• **Vos atouts :** mis au pied du mur, vous vous adaptez aux situations les plus difficiles et vous êtes un organisateur de talent. Décontracté, optimiste, vous savez motiver vos partenaires, leur insuffler votre énergie. Vous adorez la relation amoureuse sous toutes ses formes, son expression charnelle ayant probablement votre préférence. Au contraire du Bélier classique, vous appréciez de prendre votre temps et avez bien plus de patience que lui !

• **Vos difficultés :** quand vous vous mettez en colère, c'est un ouragan qui s'abat sur la personne concernée ! De plus, vous pouvez être extrêmement rancunier.

• **Vos fragilités :** la tête (vous avez souvent des migraines), le surmenage (vous voulez trop en faire) et les problèmes de vue. Vos dents peuvent également vous causer quelques soucis.

Mars est votre maître d'ascendant, étudiez ses mouvements avec attention.

> VOTRE ÂME SŒUR

Selon votre signe et votre ascendant-descendant. Le descendant est le secteur opposé à l'ascendant et représente le monde des autres, les rencontres, les unions et associations... Vous êtes impatient de nature et avez besoin d'agir dès que vous vous sentez amoureux. Mais cela ne vous empêche pas de prendre le temps de savourer tous les plaisirs que votre sensualité peut offrir. La séduction et l'amour en général ont une grande importance dans votre vie et sont pour beaucoup dans votre équilibre. Votre descendant se trouvant en Balance, vos partenaires doivent être aimants, attentionnés et supporter votre façon de chercher à les manipuler. Ils doivent prendre vos désirs et vos besoins en compte et posséder une force de caractère non exprimée, de manière que vous puissiez les respecter. Ils seront donc Balance ou ascendant Balance, ce signe étant votre complément zodiacal. Il saura vous équilibrer et trouver des compromis dans les conflits qui risquent de vous opposer. Sa sensualité sera également en écho avec la vôtre. Mais vous vous entendrez également bien avec les sagittaire ou ascendant sagittaire, votre nature Bélier appréciant leur optimisme et leur enthousiasme. De plus, vous aurez des intérêts matériels en commun. Avec les Lion ou ascendant Lion, les sentiments seront vifs et intenses. La relation sera constructive si vous arrivez à trouver un terrain d'entente côté autorité ! Les Gémeaux ou ascendant Gémeaux vous attireront, car ils possèdent une fantaisie et une mobilité qui vous séduiront ; toutefois, ils ne seront pas assez fidèles à votre goût ou n'auront pas envie de s'engager aussi vite que vous. Enfin, avec un Verseau ou ascendant Verseau, votre nature Bélier trouvera à qui parler. En revanche, votre côté Taureau aura l'impression qu'il vient de Mars !

ASCENDANT TAUREAU

Vos tendances natales sont évidemment accentuées par cette signature astrale. Toutefois, selon que le soleil se situe avant ou après l'ascendant, vous serez plus actif ou plus passif.

> VOTRE ÂME SŒUR

Selon votre signe et votre ascendant-descendant. Le descendant est le secteur opposé à l'ascendant et représente le monde des autres, les rencontres, les unions et associations... Vous êtes une personne douce, chaleureuse et sensuelle, dont la motivation principale est d'aimer et de se faire aimer des autres. Pour que vous vous intéressiez à quelque chose, il faut que vous puissiez y investir une certaine quantité de libido (énergie sexuelle) et en faire ainsi votre « objet ». C'est valable dans tous les domaines de votre vie et en particulier en amour. Votre descendant étant en scorpion, vous avez besoin de partenaires sensibles, mais fermes et déterminés. Ils doivent être passionnés, exclusifs, et n'avoir que vous en tête. La fidélité et la communauté d'intérêts matériels doivent être à la base de vos relations. Les personnes qui sont scorpion ou ascendant scorpion vous attireront donc particulièrement, ils correspondent en tout point à vos besoins. Mais leur nature jalouse et entière risque de créer des conflits, surtout si vous faites partie des Taureau particulièrement sensuels et séducteurs. Vous vous entendrez également avec ceux ou celles qui sont Capricorne ou ascendant Capricorne, car vous serez en confiance avec ce signe sérieux et solide, qui n'est pourtant pas dénué d'humour. Vous construirez sur le long terme. Avec les Cancer ou ascendant Cancer, vous vous sentirez presque « en famille », tant vous partagerez les mêmes valeurs et les mêmes idées. Vous déborderez de tendresse l'un pour l'autre et formerez donc un excellent couple. Les Poissons ou ascendant Poissons vous séduiront aussi, car leur sensibilité et leur fragilité vous toucheront. Ils auront besoin de vous, ce qui est important pour un Taureau ! N'oubliez pas non plus les Vierge ou ascendant Vierge, qui regarderont toujours dans la même direction que vous.

ASCENDANT GÉMEAUX

Si le Gémeaux est rapide, mobile, toujours en mouvement et les sens en éveil, ce n'est pas le cas du Taureau, qui ne se disperse jamais. La curiosité propre aux Gémeaux sera cependant un atout dans votre vie, car elle vous poussera à vous intéresser de très près à la vie de vos proches. Vous aurez une véritable boulimie d'informations, que beaucoup d'entre vous utiliseront dans leur vie professionnelle : le journalisme, par exemple, vous attirera. Contrairement au Taureau classique, qui peut se révéler envahissant pour ne pas risquer de perdre l'autre, vous maintenez toujours une distance qui vous permet d'exercer votre esprit critique et votre sens de l'humour. Celui-ci est votre meilleur allié, dans toute situation difficile. Le jeu sous toutes ses formes vous est indispensable, de même que vous aimez vous déguiser ou endosser d'autres personnalités. C'est la raison pour laquelle vous faites souvent d'excellents comédiens.

• **Vos atouts :** vous comprenez rapidement et apprenez très vite. Vous respectez plus l'indépendance d'autrui que les autres Taureau, tout comme vous souhaitez qu'on respecte la vôtre. Vous êtes doué dans de nombreux domaines et vous montrez capable d'exercer plusieurs activités en même temps.

• **Vos difficultés :** elles sont le revers de vos qualités : vous avez tendance à fuir certaines situations qui vous demandent un sens des responsabilités que le Gémeaux n'a pas toujours. En conséquence, vous avez parfois du mal à vous engager, même si votre nature Taureau vous y pousse ardemment. Dans le travail, vous avez à la fois besoin de mouvement, de changement et de sécurité, ce qui est difficile à trouver !

• **Vos fragilités :** le système respiratoire, les bronches, les poumons, ainsi que les mains.

Mercure est votre maître d'ascendant, étudiez ses mouvements avec attention.

> VOTRE ÂME SŒUR

Selon votre signe et votre ascendant-descendant. Le descendant est le secteur opposé à l'ascendant et représente le monde des autres, les rencontres, les unions et associations... Dans la relation avec l'autre, vous êtes quelqu'un de gai et de spontané, vous communiquez très facilement. Vous avez cependant un jardin secret que vous préservez jalousement, même si vous êtes de ceux qui donnent tout quand ils sont amoureux. Votre sensibilité se double d'un grand besoin d'être aimé et de vous rendre utile à votre entourage. Votre descendant étant en sagittaire, vous avez besoin de partenaires qui ont de l'importance et qui vous valorisent, qui vous permettent de changer fréquemment d'univers et d'avoir une vie sociale animée. Ils doivent vous faire « voyager », autant dans la réalité que dans votre tête. Les sagittaire ou ascendant sagittaire seront donc votre premier choix, étant entendu que votre nature Taureau aime bien prendre racine quelque part, alors que le sagittaire n'aime pas trop se fixer. Mais votre ascendant l'appréciera beaucoup. Vous vous entendrez également très bien avec les Bélier ou ascendant Bélier, dont vous envierez la vivacité et l'esprit d'entreprise. La relation sera dynamique, les scènes de ménage ne manqueront pas, car ils seront aussi jaloux que vous. Mais vous ne vous ennuierez pas ! Avec les Lion ou ascendant Lion, vous aurez beaucoup à vous dire et une belle complicité sera au centre d'une relation fondée sur l'amour et l'humour. Mais le Taureau qui est en vous le trouvera parfois trop frimeur ! Avec les Balance ou ascendant Balance, il n'y aura que de bonnes choses au programme, vos sensualités étant en totale harmonie. Enfin, vous serez attiré par les Verseau ou ascendant Verseau, ils pourraient même vous fasciner ! Mais en tant que Taureau, vous aurez du mal à combler les grandes différences qui existent entre vous.

ASCENDANT CANCER

Ce signe se marie bien avec le Taureau, il a comme lui une vocation nourricière et protectrice. Avec vous, on se sent totalement en confiance, entre des mains maternelles. Mais vous pouvez aussi, à l'inverse, donner une apparence de fragilité et d'immaturité qui touche les autres et leur donne envie de vous prendre en charge. Ce qui ne vous empêche pas d'aimer le pouvoir et de chercher à l'exercer, mais à votre manière, en douceur... Vous avez besoin de vous montrer protecteur et tendre avec ceux que vous aimez, votre entourage familial étant l'axe principal autour duquel vous vous développez, vous y êtes profondément attaché. Marqué par le climat de votre enfance, vous avez besoin en toutes circonstances, même dans votre vie professionnelle, de recréer autour de vous une famille sécurisante. Que la vôtre l'ait été ou non ! Votre humeur est sujette à des hauts et des bas, vous êtes fondamentalement inquiet et avez sans cesse besoin de faire quelque chose pour vous rassurer : il arrive que ce soit la nourriture qui vous rassure, et si vous avez des kilos en trop, ce n'est pas étonnant. Par ailleurs, vous avez besoin d'avoir des projets, d'être créatif, et l'amitié est souvent essentielle dans votre vie.

• **Vos atouts :** vous êtes accrocheur et volontaire, capable de réussir dans vos entreprises. Vous savez donner de la tendresse et faire preuve de gentillesse. Vous avez de l'intuition et un maximum de sensibilité, ce qui vous permet de sentir les autres, de les deviner. Par ailleurs, votre imaginaire est florissant et nourrit votre créativité.

• **Vos difficultés :** en dehors de vos caprices et de vos sautes d'humeur pas toujours faciles à vivre, vous êtes souvent trop émotif et surtout susceptible.

• **Vos fragilités :** principalement le système digestif et toute maladie psychosomatique liée à un excès d'émotivité.

La Lune est votre maître d'ascendant, étudiez-la avec attention.

> VOTRE ÂME SŒUR

Selon votre signe et votre ascendant-descendant. Le descendant est le secteur opposé à l'ascendant et représente le monde des autres, les rencontres, les unions et associations... Comme nous venons de le voir, le besoin instinctif de créer une famille, d'avoir un foyer qui vous serve de refuge, est une de vos priorités. Vous êtes cependant du genre timide, émotif, et attendez que les autres viennent vers vous, ce qui ne facilite pas vos rencontres ! Vous dégagez pourtant une forte sensualité, mais les aventures ne vous tentent pas vraiment. Ce que vous voulez par-dessus tout, c'est construire. Vous avez le descendant en Capricorne, ce qui indique que vos partenaires sont parfois plus âgés que vous ou qu'ils ont une maturité dont vous avez besoin pour vous sentir en sécurité. Les Capricorne ou ascendant Capricorne sont donc votre premier choix, ils ont les qualités que vous recherchez et vous pourrez vous reposer sur eux. Certes, ils ne sont pas d'une grande fantaisie et se montrent peu démonstratifs, mais si votre objectif est la stabilité, vous avez tiré le bon numéro ! Vous vous entendrez également très bien avec les natifs de votre signe, ou ascendant Taureau, avec qui vous vivrez une relation très sensuelle et gourmande. Toutefois, vous devrez veiller à ne pas vous étouffer mutuellement ! Avec les Vierge ou ascendant Vierge, vous avez de nombreux points communs, en particulier la tendance à l'inquiétude. Mais vous leur apporterez beaucoup sur le plan affectif, et ils vous aideront à canaliser votre émotivité. Les scorpion ou ascendant scorpion vous attireront comme des aimants, c'est le signe complémentaire du Taureau, de même que les Poissons ou ascendant Poissons, dont la sensibilité vous fera craquer.

ASCENDANT LION

Vous avez du goût et aimez tout ce qui est beau. Mais si les apparences vous séduisent, elles ne vous empêchent pas de savoir où sont les vraies valeurs : vous n'êtes pas attiré uniquement par ce qui brille. L'orgueil et l'amour-propre dominent votre caractère, ce qui vous donne envie de réussir, d'être le premier, d'avoir de l'importance pour les autres. D'ailleurs, vous faites souvent carrière et obtenez des postes à responsabilités, parfois même des postes de direction ! En effet, vous avez des dons d'organisation et savez prendre des risques, tout en ne vous mettant pas vraiment en danger, car vous détestez l'échec. Il y a une seule chose que vous ne savez pas faire, c'est déléguer ! Par ailleurs, vous êtes un grand sentimental, qui idéalise l'objet de sa flamme et ne renonce que très difficilement à ceux qu'il a aimés. Le besoin de créer est également primordial dans votre existence. Vous le comblez soit à travers une activité artistique (liée à l'image), soit en faisant des enfants et en vous consacrant à leur éducation. Votre autorité naturelle fascine vos proches, mais vous devez faire attention à ne pas verser dans l'autoritarisme et veiller à ménager les susceptibilités. Vous avez en effet un peu tendance à la mauvaise foi, et avez du mal à reconnaître vos torts !

• **Vos atouts :** vous êtes honnête, loyal, droit, et l'on peut vous faire confiance en toutes circonstances. Vous avez également le sens des valeurs, et des modèles qui vous servent de référence. Vous êtes aussi d'une grande générosité.

• **Vos difficultés :** on vous reprochera une certaine autosatisfaction, de la vanité, une grande sensibilité aux compliments, aux honneurs, à la flatterie. Votre psychorigidité peut également être préjudiciable à votre évolution. Par ailleurs, votre envie de vous imposer en permanence risque d'agacer vos proches.

• **Vos fragilités :** le cœur, le dos, la vue.

Le Soleil est votre maître d'ascendant, sa position et ses aspects sont à étudier avec attention.

> VOTRE ÂME SŒUR

Selon votre signe et votre ascendant-descendant. Le descendant est le secteur opposé à l'ascendant et représente le monde des autres, les rencontres, les unions et associations... Quand vous êtes amoureux, vous vous donnez corps et âme, sans aucune réserve. Mais il ne faut pas vous décevoir, et encore moins vous trahir ! On s'exposerait à une haine tenace et à d'importantes représailles ! Vous rencontrez facilement d'éventuels partenaires, car vous savez naturellement séduire et utiliser vos atouts. Et ceux qui se laissent prendre dans vos filets ont du mal à résister à votre sensualité et à votre tendresse... Votre descendant étant en Verseau, vous avez besoin de partenaires qui soient aussi généreux que vous et vous incitent à vous dépasser. Ils doivent être fantaisistes et surtout vous devez pouvoir les admirer. Ils doivent aussi faire preuve d'indépendance et ne pas vous étouffer. Cela fait beaucoup d'impératifs, mais vous êtes conscient de votre valeur et ne voulez pas aimer n'importe qui ! Les Verseau ou ascendant Verseau auront donc la priorité, ils sont le signe complémentaire de votre ascendant et leur respect de la liberté d'autrui vous épatera. Leur liberté d'esprit et leur refus des conventions susciteront également votre admiration. Les Gémeaux ou ascendant Gémeaux seront d'excellents amis avec qui vous pourriez développer une belle relation. Elle sera un peu trop cérébrale à votre goût, mais vous ne vous ennuierez pas ! Avec les Balance ou ascendant Balance, il y aura de la tendresse dans l'air et de nombreux points communs. Ils seront donc un bon choix ! Enfin, les sagittaire ou ascendant sagittaire vous plairont pour leur courage, leur honnêteté et leur sens des valeurs. Mais ce n'est pas avec eux que vous vous sentirez totalement en sécurité !

ASCENDANT VIERGE

Avec deux signes de terre pour signature astrale, le sens des réalités et l'esprit pratique dominent ! Ils sont servis par un beau potentiel intellectuel, un sens de l'analyse et de la synthèse qui sont parmi vos principaux atouts. Votre détermination Taureau à aller au bout de vos entreprises combat la dispersion de la Vierge et vous permet d'être d'une redoutable efficacité. Votre personnalité est structurée autour de votre pensée, laquelle est tout aussi importante que les manifestations en provenance de votre corps. Il arrive d'ailleurs que vous soyez hypocondriaque et que votre santé et celle des autres vous préoccupent plus que de raison. Mais cette importance de la pensée peut aussi être un atout si vous choisissez une carrière de chercheur, de journaliste, d'enquêteur sur le terrain, par exemple. La comptabilité et l'enseignement sont également d'éventuels débouchés. Vous êtes généralement très organisé : tout est rangé dans des cases et utilisé à bon escient. Manqueriez-vous de fantaisie ? Vous devez en tout cas surveiller une tendance à vous laisser bercer par les habitudes... Avec les autres, vous ne manquez pas d'humour ni de distance et développez un sens critique qui peut égratigner, car vous avez le sens de l'observation ! Tout ce qui est de l'ordre des émotions n'est pas facilement exprimé : vous attendez d'être sûr de vos sentiments. Quand vous aimez quelqu'un, que ce soit en amour ou en amitié, vous êtes capable de petites attentions touchantes et de vous mettre en quatre pour lui venir en aide.

• **Vos atouts :** raffinement, fidélité, honnêteté scrupuleuse et goût du travail bien fait font de vous une personne agréable et fiable. Vous êtes raisonnable et sérieux dans tout ce que vous faites.

• **Vos difficultés :** il vous arrive de vous montrer timide, inquiet, soucieux. Vous ne vous détendez que lorsque vous êtes totalement en confiance. Vos proches vous font parfois grief de votre nervosité et de votre tendance à les moraliser, à les surveiller, à vouloir avoir raison en toutes circonstances.

• **Vos fragilités :** les intestins principalement, ainsi que toute maladie d'origine nerveuse.
Mercure est votre maître d'ascendant, étudiez ses mouvements avec attention.

> VOTRE ÂME SŒUR

Selon votre signe et votre ascendant-descendant. Le descendant est le secteur opposé à l'ascendant et représente le monde des autres, les rencontres, les unions et associations... Votre timidité de Vierge peut vous empêcher d'aller facilement vers les autres, et comme le Taureau est ennemi du moindre effort, vous attendez que l'on vienne vers vous et que l'on comprenne qui vous êtes ! Mais quand vous êtes amoureux, rien ne peut vous faire dévier de votre route et vous êtes totalement fidèle à votre engagement. Vous devez toutefois veiller à ce que vos inquiétudes et vos doutes ne minent pas vos relations. Votre descendant est en Poissons, vous avez besoin de partenaires sensibles, qui vous devinent et ne mettent pas votre pudeur à mal. Les relations doivent vous faire penser, fantasmer, ce qu'un Poissons ou ascendant Poissons saura parfaitement créer. De plus, son extrême sensibilité interrogera la Vierge qui est en vous et l'obligera à s'ouvrir davantage à son monde émotionnel. Même type de relation avec les scorpion ou ascendant scorpion, aussi sensibles que les Poissons, même s'ils sont plus du genre « écorchés vifs ». Ils feront vibrer vos qualités de « soignant » et vous donneront envie de vous dévouer corps et âme. Mais les Cancer ou ascendant Cancer sauront eux aussi vous séduire et vous faire fondre de tendresse, ce qui est tout à leur honneur. Leur caractère vous amusera, mais leurs changements d'humeur risquent de vous lasser à la longue. Les membres de votre signe, ou ascendant Taureau, vous correspondent également très bien, vous avez les mêmes besoins ! Vous pourriez former un bon couple. Même chose avec les Capricorne ou ascendant Capricorne, sur qui vous pourrez compter et qui se montreront très rassurants pour l'inquiète Vierge qui est en vous.

ASCENDANT BALANCE

Les deux signes gérés par Vénus sont ici réunis pour composer une personnalité charmante, séduisante, esthète dans l'âme et dont le désir de plaire et de séduire est primordial. Que ce soit en amour, en amitié ou dans vos relations professionnelles, vous cherchez à vous faire aimer ! Vous avez également besoin de l'approbation des autres, elle vous donne confiance en vous. Enfin, prodiguer et recevoir de l'amour, tout partager avec l'autre est essentiel à votre bien-être. La solitude est en effet ce qui vous effraie le plus, de même que la peur d'être abandonné ou rejeté. Très tôt dans votre vie, vous savez que vous n'atteindrez votre équilibre que lorsque vous aurez trouvé l'âme sœur. Même dans votre travail, vous avez besoin de faire équipe avec quelqu'un (ou plusieurs personnes), de vous associer, car vous ne voyez pas l'intérêt de réussir tout seul et vous avez besoin d'être stimulé pour agir. Ou d'agir pour quelqu'un... Autre élément important de votre profil psychologique : vous demandez à être soutenu dans vos choix, ceux-ci vous plaçant face à l'obligation de renoncer à quelque chose. Or le Taureau veut tout et la Balance n'aime pas renoncer. Par ailleurs, vous fuyez les conflits, les rapports de force et développez très tôt des qualités de diplomate ou d'intermédiaire. En règle générale, vous êtes doué pour les arts : musique, danse, peinture font partie de vos violons d'Ingres, quand vous n'en faites pas votre métier ! Mais le besoin de sécurité matérielle propre au Taureau peut vous faire reculer devant un choix de carrière qui ne comporte pas vraiment de stabilité ! Qu'à cela ne tienne, même dans un métier moins exposé, vous mettez tout de même une touche artistique !

• **Vos atouts :** tact et délicatesse vous permettent d'entretenir de bonnes relations avec tout le monde. Vous êtes de bon conseil et savez révéler aux autres ce qu'ils ont de meilleur. Vous avez l'art de recevoir, de tenir une jolie maison et de donner du plaisir à ceux qui vous entourent.

• **Vos difficultés :** vous êtes hésitant, avez du mal à faire un choix et à prendre une décision tranchée. Vous accordez souvent trop d'attention à ce que l'on pense de vous et ne savez pas très bien relativiser les choses. On dit également que vous êtes adepte de la facilité...
• **Vos fragilités :** les reins surtout, et la vésicule biliaire.
Vénus et Saturne sont vos planètes maîtresses, étudiez-les avec attention.

> VOTRE ÂME SŒUR

Selon votre signe et votre ascendant-descendant. Le descendant est le secteur opposé à l'ascendant et représente le monde des autres, les rencontres, les unions et associations... Nous venons de le voir, vous êtes fait pour l'amour ! Et votre recherche du partenaire idéal vous prend du temps et de l'énergie. Tant que vous ne l'avez pas trouvé, vous avez la sensation presque palpable de n'être que la moitié de vous-même. Séduire n'est pas un problème pour vous, il y a toujours chez la Balance quelque chose qui plaît aux autres. Le problème qui peut vous empêcher de vous stabiliser tant que vous ne l'avez pas réglé : une tendance à étouffer l'autre, à vous montrer trop possessif ! Votre descendant étant en Bélier, vous avez besoin de partenaires actifs, décideurs et enthousiastes. Votre désir est de faire équipe avec eux et de pouvoir vous reposer sur eux. De leur côté, ils doivent vous donner l'envie de vous dépasser. Un Bélier ou un ascendant Bélier sera probablement votre premier choix, car c'est le signe complémentaire de votre ascendant. Vous l'admirerez, l'envierez pour ses qualités (celles qui vous manquent, en fait), mais les rapports de force qu'il installera risquent de vous fatiguer à la longue. Les sagittaire ou ascendant sagittaire ne manqueront pas de vous attirer et la communication passera bien : vous établirez une relation à base de complicité. Avec les Lion ou ascendant Lion, il y aura une belle amitié, même si la relation est essentiellement amoureuse ! Vous vibrerez aux mêmes idées et les mêmes combats vous motiveront. Les Gémeaux ou ascendant Gémeaux vous plairont, vous passerez d'excellents moments ensemble, mais la relation peut ne pas déboucher sur quelque chose de sérieux, le Gémeaux ayant du mal à s'engager. Enfin, les Verseau ou ascendant Verseau pourront faire un bout de chemin avec vous, mais il faudra déployer quelques efforts pour accepter vos différences.

ASCENDANT SCORPION

Volontiers secret, mystérieux et écorché vif, vous êtes profondément déterminé à donner corps à vos désirs. Vos impulsions sont parfois difficiles à contrôler et vous développez une grande maîtrise de vous-même. Votre force intérieure n'a d'égale que votre volonté de toujours progresser. Volontiers dominateur, et orgueilleux, vous n'exprimez pas forcément votre autorité de manière directe : vous aimez influencer les autres, et y parvenez grâce à votre connaissance innée de ce qu'ils ont en eux, de ce qu'ils veulent cacher. Il n'y a pas plus psychologue qu'un scorpion, qui connaît parfois les autres mieux que lui-même ! Ce qui peut contrarier le Taureau, qui est plus instinctif, plus simple aussi que le scorpion. Attachement et détachement alternent, vous allez souvent d'un extrême à l'autre, ce qui déconcerte votre entourage... Il vous arrive, quand vous aimez, d'être dépendant et de vous trouver désarmé face à l'objet de votre flamme. Ce qui, cette fois, heurte votre nature scorpion, plus indépendante qu'on ne le croit. Par ailleurs, vous avez tendance à vous auto-analyser, à porter sur vous-même un regard qui n'est pas toujours très tendre. L'observation du monde qui vous entoure vous conduit souvent à un excès de lucidité et au désenchantement. La vie peut vous sembler merveilleuse, mais vous la trouvez le plus souvent décevante, car beaucoup de comportements humains vous paraissent malhonnêtes et faux. Votre recherche de naturel, de pureté et d'authenticité, votre refus des faux-semblants se heurtent à une réalité dont vous ne vous accommodez pas facilement, justement parce qu'elle ne se plie pas en permanence à vos désirs.

• **Vos atouts :** la patience, la persévérance, la ténacité et un sens de l'humour très corrosif. Vous êtes extrêmement séducteur, mais capable d'une formidable fidélité à l'être aimé. Solide, vous ne vous laissez pas facilement démonter.

• **Vos difficultés :** une jalousie et une possessivité qui vous jouent des tours, car c'est là votre talon d'Achille. Vous refusez de perdre quoi que ce soit ou qui que ce soit. On vous reproche souvent vos silences, votre besoin de rivalité, de contrôle sur votre entourage.

• **Vos fragilités :** les organes sexuels, ainsi que les intestins.

Pluton et Mars sont vos planètes maîtresses, étudiez-les avec attention.

> VOTRE ÂME SŒUR

Selon votre signe et votre ascendant-descendant. Le descendant est le secteur opposé à l'ascendant et représente le monde des autres, les rencontres, les unions et associations... Les relations que vous entretenez avec les autres et l'intérêt que vous leur portez sont fondamentaux. L'amour, indissociable de la sexualité en ce qui vous concerne, est pour vous synonyme d'un engagement total que vous ne prenez jamais à la légère. Mais il est aussi, très souvent, vécu dans l'intensité et la souffrance. Votre descendant étant dans votre propre signe, le Taureau, vous avez besoin de partenaires à votre image, c'est-à-dire doux, tendres et fidèles, qui vous sécurisent et n'utilisent pas vos faiblesses pour en faire leurs propres forces. Le désir doit toujours être présent entre vous. Ces partenaires doivent vous apporter la simplicité, le bon sens et la stabilité intérieure qui vous manquent parfois. Les membres de votre signe ou ascendant Taureau seront donc vos partenaires favoris, et si votre relation n'est pas trop envahie par le doute et la jalousie, elle peut être une réussite. Mais les Capricorne ou ascendant Capricorne auront également le sérieux requis. Ils sont rassurants, solides et n'appartiennent pas à la race des traîtres : des qualités qui vous parlent. Les Vierge ou ascendant Vierge vous attireront, il y aura autant d'amitié que d'amour entre vous et la confiance régnera parce qu'ils sont fidèles et intègres. Vous serez séduit par les Poissons ou ascendant Poissons, mais leur côté fuyant vous inquiétera et vous devrez ménager leur sensibilité. Par ailleurs, ils seront probablement trop gentils pour vous ! Avec les Cancer ou ascendant Cancer, l'entente pourrait être parfaite, vous regardez dans la même direction et leurs engagements sont fiables. Vous ferez cause commune et pourrez bâtir du solide.

ASCENDANT SAGITTAIRE

Voilà un mélange détonant ! Il y a à la fois un grand besoin de vous lancer des défis, de dépasser les limites qui vous sont imposées, sur les plans mental ou physique, et le besoin de sécurité, de stabilité du Taureau. Optimiste et chaleureux, vous possédez une aisance naturelle et une confiance en vous qui vous amènent forcément à réussir dans vos entreprises. Vous attirez naturellement la sympathie et savez bien vous entourer. Votre envie d'effacer toutes les frontières fait de vous un citoyen du monde : vous adorez les voyages et les expériences de toutes sortes. Toutefois, si le côté casanier du Taureau l'emporte, vous organiserez des voyages pour les autres, vous évaderez dans les études, la littérature ou grâce à la télévision... Très tôt, vous aurez besoin d'espace pour vous mouvoir, pour penser et vous développer. Manuel ou intellectuel, vous êtes naturellement le meilleur et, même quand vous vous faites dépasser, ou quand vous subissez un échec, vous savez rester élégant. La chance est d'ailleurs souvent de votre côté ! Par ailleurs, vous êtes de la race des bons vivants, de ceux qui savent profiter des bonnes choses de l'existence et les partager avec ceux qu'ils aiment. Votre appétit de vie est contagieux : on se sent bien en votre compagnie et vous êtes de très bon conseil. Enfin, vous êtes motivé par les gains financiers et, pour vous, toute peine mérite salaire ; vous n'avez pas à vous en cacher, il n'y a pas de mal à connaître la valeur de l'effort et du travail.

• **Vos atouts :** votre générosité et votre gentillesse. Votre amour de la vie et un sens des valeurs bien ancré. Vous possédez également un excellent jugement et une vision très réaliste des problèmes qui vous sont posés. Vous ne vous laissez pas ennuyer par des détails sans importance.

• **Vos difficultés :** vous voulez toujours avoir raison, tout organiser, tout gérer. Vos colères sont mémorables et vos appétits parfois insatiables. Du reste, vous avez presque toujours des problèmes de poids.

• **Vos fragilités :** tout le système circulatoire, ainsi que le foie.
Jupiter est votre maître d'ascendant, étudiez-le avec attention.

> VOTRE ÂME SŒUR

Selon votre signe et votre ascendant-descendant. Le descendant est le secteur opposé à l'ascendant et représente le monde des autres, les rencontres, les unions et associations... Même si votre ascendant vous rend capable de légèreté et de nonchalance, lorsque vous vous attachez à quelqu'un, vous savez particulièrement bien prendre soin de cette personne. Être utile à celui ou celle que vous aimez est même l'une de vos priorités ! Votre descendant étant en Gémeaux, vous avez besoin de partenaires fantaisistes qui aient le goût du jeu et beaucoup d'humour. Les relations doivent être aussi charnelles qu'intellectuelles. Cet être multiple qu'est le Gémeaux ou ascendant Gémeaux, signe complémentaire du Sagittaire, vous conviendra parfaitement, car il n'est jamais le même. Toutefois, votre nature Taureau pourrait lui reprocher son inconstance, ses côtés dépensiers et très adolescents. Cependant, si votre amour est suffisamment fort, il vous incitera à passer sur ces petits défauts. Les Verseau ou ascendant Verseau sauront également vous séduire, il y aura une belle complicité entre vous : la communication sera au premier plan et vous adorerez échanger des idées. Leurs côtés un peu fous vous feront vibrer. Mais le Taureau qui est en vous trouvera ces Verseau un peu bizarres ! Dans un autre registre, l'énergie des Bélier ou ascendant Bélier vous attirera, leur capacité à entreprendre, à donner une forme à leurs désirs vous paraissant des qualités enviables. Mais attention aux rapports de force ! Les Lion ou ascendant Lion vous séduiront par leur élégance, leur sens des valeurs et leur loyauté. Votre relation sera positive si vous acceptez leur nature un peu frimeuse. Par ailleurs, vous ne serez jamais indifférent aux Balance ou ascendant Balance, influencés par Vénus. Vous aurez beaucoup d'affinités et la sensualité sera au premier plan. Une relation à suivre...

ASCENDANT CAPRICORNE

Vous êtes solide et stable dans vos affections, vous sentant responsable des autres, de leur bien-être ou de leur sécurité. Il est possible que cela vienne de très loin et que très tôt dans votre vie on vous ait traité en adulte, ou demandé de vous comporter comme tel. Aujourd'hui, il suffit que vous vous sentiez utile pour que vous soyez content de vous et de votre vie. Fier, parfois même orgueilleux, vous avez besoin de montrer de vous une bonne image et d'être considéré par les autres. C'est peut-être parce que, au fond, il se peut que vous manquiez de confiance en vous ! Toutefois, de manière paradoxale, vous pouvez passer d'un extrême à l'autre et avoir un sentiment de toute-puissance, l'impression que vous allez accomplir de grandes choses. Mais si le succès escompté ne vient pas, cet état ne dure jamais très longtemps et vous retombez vite sur vos pieds, car vous avez le sens des réalités ! D'apparence froide et distante, vous avez beaucoup plus de sensibilité qu'on ne le pense généralement. Simplement, vous la dissimulez sous des côtés bourrus ou derrière une apparente indifférence. Mais quand on va au-delà de vos défenses, vous révélez des trésors de tendresse et d'humour. Quand l'amour arrive, il vous surprend, s'insinue en vous malgré vos défenses et vous effraie plus que vous ne le croyez ! Les premières étapes passées, la confiance gagnée, vous vous laissez aller : vos sentiments deviennent alors très profonds. Ce qui ne va pas sans provoquer une crainte, celle de perdre l'autre ou d'être abandonné ; tous ceux qui sont marqués par le Capricorne la connaissent bien ! ambitieux et gros travailleur, vous accordez beaucoup d'importance aux résultats, la quantité de travail et sa difficulté ne vous rebutant pas. Quand vous avez commencé quelque chose, vous allez jusqu'au bout, même si vous savez que vous vous êtes trompé. Tout au long de votre carrière, la peur de l'échec est chez vous un puissant moteur qui peut autant vous freiner que vous faire avancer ; cela dépend de la position de Mars et de saturne dans votre thème de naissance...

• **Vos atouts :** une indéfectible fidélité et un sérieux qui font de vous la personne sur qui l'on peut compter en toutes circonstances. Un sens des réalités et une détermination qui s'ajoutent à une ambition parfois sans limites.

• **Vos difficultés :** un excès de froideur ou de réserve, des difficultés à communiquer dans le couple, et un certain manque de fantaisie.

• **Vos fragilités :** les os et la peau.

Saturne est votre maître d'ascendant, étudiez ses mouvements avec attention.

> VOTRE ÂME SŒUR

Selon votre signe et votre ascendant-descendant. Le descendant est le secteur opposé à l'ascendant et représente le monde des autres, les rencontres, les unions et associations... Votre descendant étant en Cancer, le signe qui s'oppose au Capricorne, vous avez besoin de partenaires qui sauront percer vos défenses à force de tendresse et d'attentions. Les Cancer ou ascendant Cancer sont donc particulièrement indiqués, car ils ont un côté enfantin qui ne peut que vous faire craquer. Et en émotions, ils s'y connaissent ! Ils les expriment de mille manières, alors que vous, vous les contrôlez, voire les refoulez. Leur fréquentation vous sera donc bénéfique, si toutefois vous n'êtes pas gêné par les manifestations intempestives de leur sensibilité. De plus, vous avez en commun le sens de la famille et une volonté de construire. Ce sont tout de même des atouts de taille ! À côté de cela, la sensibilité des Poissons ou ascendant Poissons vous touchera en profondeur : ils sauront vous révéler à vous-même, vous faire sortir de votre mutisme et vous apprendre à mieux communiquer. Comme les Cancer, ils ont une forte sensibilité et, à leur contact, vous exprimerez plus facilement vos émotions. Quant à eux, ils trouveront en vous celui ou celle qui peut les sécuriser. Vous vous entendrez bien par ailleurs avec votre signe ou avec ceux qui ont l'ascendant en Taureau : amours sensuelles et fidélité garanties ! De plus, vous n'aurez pas trop d'efforts à fournir pour le connaître ! Avec les rassurantes Vierge, ou ascendant Vierge, vous formerez un bon couple, qui peut cependant s'enliser dans des habitudes sclérosantes. Il faudra mettre de la fantaisie dans votre quotidien. Quant aux Scorpion ou ascendant Scorpion, vous serez terriblement séduit par leur profondeur et leur intensité. Et ça marchera bien côté sexe !

ASCENDANT VERSEAU

Une grande liberté de comportement et une forte indépendance vous caractérisent, mais entrent en conflit avec votre nature Taureau, plutôt conservatrice et peu aventureuse. C'est le moins que l'on puisse dire ! Pour vos proches, vous êtes une énigme, car vous êtes autant capable de distance et de froideur que vous pouvez vous montrer tendre et passionné. D'ailleurs, par rapport au Taureau classique, vous savez peut-être mieux rompre, tirer un trait sur le passé... Angoissé de naissance, il vous arrive d'être paralysé par vos peurs comme elles peuvent vous servir de moteur. La plupart du temps, votre créativité, votre besoin de progresser et votre intérêt pour les autres vous permettent de vous équilibrer et de chasser vos démons intérieurs. Vous devez éviter de vous créer des contraintes, de vous laisser emprisonner par des promesses que vous n'aurez pas envie de tenir, car le désir profond du Verseau est d'être libre ! Généralement, vous avez de l'ambition et vous arrangez toujours pour vous spécialiser dans votre domaine, ou trouver une manière de faire différente de celle des autres. Vous adorez avoir des projets, et vous vous servez de votre détermination, de votre volonté Taureau pour les mettre en pratique. Dans le déroulement de votre existence, les moments de tension-progression alternent avec les grands calmes, pendant lesquels vous avez tendance à vous angoisser, car vous détestez le vide et l'idée de n'avoir rien à faire, ou à construire. Mais vous ne pourrez pas éviter des changements de rythme ; au contraire, il faut vous y adapter ! Dans la vie de tous les jours, vous avez besoin de fantaisie, bien que vous ne détestiez pas vos habitudes. C'est encore l'un des nombreux paradoxes que l'on peut attribuer à cette combinaison de signes contraires, mais représentative d'une personnalité très riche. Plus l'être humain a de conflits intimes, plus il est amené à y trouver des solutions et donc à être créatif, à sortir du lot !

• **Vos atouts :** une profonde humanité qui fait de vous l'ami(e) idéal(e) et des côtés très bon vivant : vous aimez faire profiter les autres, autant de vos bonheurs que de vos malheurs ! Et votre sens de l'anticipation fait de vous une personnalité toujours en avance sur les autres.
• **Vos difficultés :** un esprit de contradiction parfois agaçant pour vos proches. Votre jalousie, qui peut se révéler obsédante.
• **Vos fragilités :** le système endocrinien, le système neurovégétatif.
Uranus et Saturne sont vos planètes maîtresses : suivez leurs mouvements avec attention.

> VOTRE ÂME SŒUR

Selon votre signe et votre ascendant-descendant. Le descendant est le secteur opposé à l'ascendant et représente le monde des autres, les rencontres, les unions et associations... Alors que le Taureau est le signe qui s'attache le plus en profondeur à ceux qui l'entourent, le Verseau cherche au contraire à préserver son indépendance. Aussi ressentez-vous des désirs contradictoires dans vos relations amoureuses. Il vous est difficile de vous engager à fond et pourtant vous en avez très envie ! Avec votre descendant en Lion, vous avez besoin de partenaires que vous trouverez admirables, dont la réussite vous éblouira, ou dont l'intelligence vous impressionnera. Les Lion ou ascendant Lion sont donc particulièrement indiqués : c'est le signe complémentaire du Verseau et il vous plaît toujours parce qu'il possède ce qui vous manque. Certes, il est, au contraire de vous, un peu trop centré sur lui-même et parfois imbu de sa personne. Mais comme vous ne l'êtes pas assez, cela peut faire un juste milieu. En tout cas, vous apprendrez beaucoup l'un de l'autre et ce sera le premier intérêt de votre relation. Avec les Bélier ou ascendant Bélier, l'entente sera immédiate, avec une belle complicité pour la cimenter. Le Bélier vous admirera et n'entrera pas en compétition avec vous. Toutefois, votre nature Taureau (un peu lente) ne sera pas au diapason de l'impatient Bélier, qui aura tendance à s'emporter facilement si vous ne réagissez pas aussi vite que lui. Avec les Sagittaire ou ascendant Sagittaire, il y aura de nombreux centres d'intérêt en commun et vous vibrerez aux mêmes idées. Vous partagerez des projets, ce qui est toujours constructif dans un couple.

Les Balance ou ascendant Balance vous séduiront par leur charme, leur élégance, alors que le Verseau se fiche un peu de ce qu'il a sur le dos. C'est votre nature Taureau qui aime la mode et a le souci de l'esthétique, pas le Verseau. Enfin, avec les Gémeaux ou ascendant Gémeaux, vous vous amuserez beaucoup, votre relation sera placée sous le signe du jeu et de la séduction mutuelle. Mais vous aurez du mal à accepter leur nature un peu trop primesautière à votre goût.

ASCENDANT POISSONS

Le natif des Poissons est comme une éponge qui absorbe tout ce qui vient de son environnement. Vous êtes donc hypersensible, intuitif et savez vous mettre à la place des autres. Votre générosité et votre dévouement vont souvent jusqu'au sacrifice de vos propres intérêts ; d'ailleurs, on dit de vous que vous êtes très (trop ?) gentil(le) avec ceux qui vous entourent. Heureusement, le Taureau vient à votre secours pour canaliser tout cela et vous empêcher d'en être déstabilisé. Son sens pratique, qui fait souvent défaut au Poissons, vous sera utile toute votre vie ! L'association de ces deux signes est donc positive et révèle une personnalité marquée par le besoin de plaire et de se faire aimer. La curiosité est également au premier plan et peut faire de vous un bon journaliste ou un fin enquêteur. Ou encore un excellent commercial, avec du bagout et un grand pouvoir de conviction. Le plus souvent, les moments de confiance alternent avec une tendance à vous dévaloriser et vous n'avez pas toujours conscience de vos qualités, ni même de votre valeur. Votre identité est peut-être à construire, le passage de l'adolescence à l'âge adulte ne s'étant pas fait dans des conditions idéales. En effet, vous avez tendance à la fusion, au mélange, à l'indifférenciation et, pour trouver cette identité qui vous échappe, vous devez apprendre à faire la part des choses et à être plus critique. Toutefois, cette disposition sera idéale pour un comédien, par exemple... Vous détestez les conflits, et la fuite est souvent votre meilleure arme. Vous la pratiquez également quand vous refusez quelque chose, ou quelqu'un, car vous ne savez pas dire non. Mais vous ne manquez certainement pas d'humour face aux situations délicates !

• **Vos atouts :** les chocs et les traumatismes glissent sur vous, ou en tout cas c'est l'impression que vous donnez. En réalité, les événements de la vie marquent toujours profondément le Taureau. Vous avez le sens du secret et l'on peut compter sur vous quand on vous confie un travail.

• **Vos difficultés :** vous vous dissimulez souvent la vérité et bâtissez des romans dans votre tête. Vous n'avez pas de limites et n'acceptez que très difficilement les règles et les conventions. Vous êtes aussi très gourmand et avez donc tendance, plus que les autres, à prendre du poids.
• **Vos fragilités :** la circulation principalement, ainsi que le transit intestinal, trop rapide ou trop lent.
Neptune et Jupiter sont vos planètes maîtresses, étudiez leurs mouvements avec une attention particulière.

> VOTRE ÂME SŒUR

Selon votre signe et votre ascendant-descendant. Le descendant est le secteur opposé à l'ascendant et représente le monde des autres, les rencontres, les unions et associations... Votre charme et votre sensualité vous valent de nombreux succès, mais vous ne voyez pas toujours à quel point vous plaisez aux autres ! Votre descendant étant en Vierge, vos partenaires doivent avoir le sens pratique qui vous manque et être plutôt organisés. Ils doivent vous poser des limites, sans pour autant vous empêcher d'être créatif et imaginatif. Les Vierge ou ascendant Vierge possèdent ces qualités et vous formerez un bon couple avec eux. Ils ont également un sens pratique assez développé et prendront vos intérêts à cœur. C'est le signe complémentaire des Poissons, donc leur contraire : la Vierge met tout dans des cases et a tendance à refouler ses émotions. Ce qui n'est pas votre cas, bien sûr. Aussi votre association sera-t-elle positive pour votre propre évolution, si vous arrivez à accepter vos différences. Mais les membres de votre signe ou ceux qui ont l'ascendant en Taureau auront également beaucoup à vous apporter, en particulier une complicité érotique non négligeable. La relation sera des plus agréables, sans réels obstacles, si ce n'est une forme de paresse qui pourrait vous empêcher d'entretenir la flamme dans le couple. Par ailleurs, les Cancer ou ascendant Cancer vous attireront, vous aurez les mêmes idées sur la famille et le même désir de construire quelque chose de solide. Avec les Scorpion ou ascendant Scorpion, ce sera également très fort, très intense et même douloureux dans certains cas. Mais ce sera certainement une grande histoire d'amour, au parcours très heurté. N'oubliez pas les Capricorne ou ascendant Capricorne, qui vous offriront la stabilité et la tranquillité auxquelles vous aspirez.

Vos affinités avec les autres signes

TAUREAU AVEC BÉLIER

Vous serez impressionné par sa rapidité à décider et à agir ! C'est tout le contraire de vous, qui avez besoin de prendre votre temps... Mais il vous bousculera souvent et vous dérangera dans votre besoin de tranquillité. Toutefois, bien que vos rythmes soient différents, vos sensualités s'accorderont. Si vous êtes une femme, sa virilité vous fera frissonner. Si vous êtes un homme, vous apprécierez qu'elle vous sollicite.

• **Si vous voulez que ça dure :** ne le prenez jamais de front, faites plutôt appel à ses sentiments, à ses émotions. C'est un domaine que le Bélier maîtrise mal, mais qui est très vivant en lui.

TAUREAU AVEC TAUREAU

Ça ne peut être qu'une bonne union, fondée sur des valeurs traditionnelles : maison, famille, enfants. Toutefois, vos relations amoureuses seront très sensuelles ; c'est le socle sur lequel votre couple se construira. Une communauté d'intérêts matériels sera également un bon ciment pour votre union. Celle-ci a des chances de durer, pourvu que vous ne soyez pas trop jaloux !

• **Si vous voulez que ça dure :** soyez aussi conservateur que lui et affichez vos sentiments, ainsi que votre fidélité. Jouer avec sa crainte de vous perdre lui ferait du mal et vous le savez très bien... Et bien sûr, ne provoquez pas sa jalousie, vous savez où cela peut le mener !

TAUREAU AVEC GÉMEAUX

Disons-le tout de suite, vous n'avez pas grand-chose en commun. Sa légèreté, son goût pour le jeu et son rejet des habitudes sont en totale contradiction avec votre personnalité. Cela dit, il vous amusera et apportera de la fantaisie dans votre vie – à condition que vous appréciiez d'être un peu bousculé et de ne pas vous sentir totalement en sécurité avec l'être aimé !

• **Si vous voulez que ça dure :** acceptez de mener une vie pleine de mouvement, de partir en week-end, de courir les magasins, les expos, les cinémas. Bref, avec un Gémeaux, on ne s'encroûte pas, au point que le quotidien peut se révéler un peu épuisant par moments.

TAUREAU AVEC CANCER

L'entente sera excellente entre vous ! Vos sensibilités se ressemblent, se complètent, et le Cancer a autant besoin de sécurité que vous ! C'est tout ce qui vous est nécessaire pour atteindre l'équilibre dont vous rêvez. La famille (au sens large) est l'axe autour duquel vous construirez et développerez votre couple, que cimenteront également une belle complicité et une communauté d'intérêts, tant intellectuels que matériels.

• **Si vous voulez que ça dure :** vous êtes moins émotif et sensible que lui, aussi ne le poussez pas dans ses retranchements : ses colères peuvent être terribles ! Et restez serein quand la tempête menace, c'est la meilleure manière de calmer les choses.

TAUREAU AVEC LION

Vous êtes un adepte du naturel, aussi les côtés souvent frimeurs du Lion, s'ils vous attendrissaient au début, vous agaceront rapidement. Vous apprécierez sa loyauté et sa grande générosité, serez impressionné par sa réussite ; il pourrait même vous rappeler l'un de vos parents... Mais son autorité parfois cassante vous heurtera et vous vous draperez dans votre dignité au lieu de discuter.
• **Si vous voulez que ça dure :** chacun d'entre vous doit mettre de l'eau dans son vin, ne pas s'entêter ni chercher à avoir raison à tout prix ! Flattez doucement votre Lion, vous en obtiendrez ce que vous voulez, et ne lui faites jamais perdre la face en public.

TAUREAU AVEC VIERGE

Voilà une union que l'on peut qualifier de raisonnable, même si elle démarre par une grande passion ! Par certains côtés, vous vous ressemblez, et c'est ce qui vous a attirés. Vous adorerez passer du temps ensemble, jardiner, vous occuper des animaux, faire des enfants pour lesquels vous serez de bons parents... Vos sentiments, mais aussi vos intérêts matériels formeront un ciment solide pour votre couple.
• **Si vous voulez que ça dure :** ne l'accusez pas injustement de vous rendre jaloux, et évitez de le critiquer. Il est lui-même un juge très sévère à son égard, qui ne se pardonne aucune faute. En rajouter mettrait votre couple en danger.

TAUREAU AVEC BALANCE

Il y a beaucoup d'affinités entre vos deux signes, puisqu'ils sont gouvernés par la même planète : Vénus. La sensualité sera dominante et vous partagerez le même goût pour les plaisirs de toute nature. Vous risquez cependant d'être tous deux un peu trop passifs, de ne pas assez vous stimuler. Toutefois, avec des ascendants plus actifs, vous formerez un très bon couple, qui profitera à fond de la vie !

• **Si vous voulez que ça dure :** ne lui demandez pas de prendre les décisions concernant le couple et les choix qui s'offrent à lui. Faites tout à deux, la Balance a besoin de partage. Il s'en remettra souvent à vous, mais sera content que vous lui demandiez son avis.

TAUREAU AVEC SCORPION

C'est votre signe complémentaire, et il vous attire comme un aimant ! Vous ne pouvez pas vous expliquer pourquoi, mais ce scorpion possède un pouvoir sur vous, qui vous fait frissonner de plaisir. Passionnée et entière, votre relation sera cependant difficile, car les exigences de l'un et de l'autre se heurteront à l'imperfection de la nature humaine, à sa faiblesse, à ses petites bassesses...

• **Si vous voulez que ça dure :** il est particulièrement exigeant sur la vérité, l'authenticité, et se méfie terriblement de la trahison. Ne lui mentez jamais, il le sentirait tout de suite et votre relation en souffrirait vraiment.

TAUREAU AVEC SAGITTAIRE

Vous avez peu de choses en commun, sa nature aventureuse, son besoin d'espace et de mouvement étant en contradiction avec vos aspirations à une vie calme et sécurisante. Cela dit, si vous le désirez, il vous sortira d'une routine dans laquelle vous avez trop souvent tendance à vous endormir. Avec lui, vous découvrirez qu'il est bon de faire du sport et que les voyages ne sont pas si désagréables !

• **Si vous voulez que ça dure :** oubliez votre fameux entêtement ! Le sagittaire a toujours raison, sachez-le, ne vous épuisez pas inutilement. Dites-lui simplement qu'il a raison, mais que... d'autres points de vue peuvent exister : bref, ouvrez-lui des horizons.

TAUREAU AVEC CAPRICORNE

Vous pouvez former un excellent couple, ce signe de terre ayant des qualités qui vous attireront : solidité, goût pour le travail bien fait, sérieux et fidélité. Tout ce que vous demandez à un partenaire, le Capricorne peut vous l'apporter. Certes, il est très conventionnel et apprécie les traditions, mais il a aussi beaucoup d'humour ! Si vous savez mettre un peu de fantaisie dans votre couple, il peut durer.

• **Si vous voulez que ça dure :** ne lui reprochez pas de trop travailler et de sacrifier sa vie à son ambition. Celle-ci est un moteur et il ne faut pas le lui enlever, car c'est une de ses raisons de vivre. Et ne lui demandez pas des tonnes de tendresse, il ne sait pas la montrer.

TAUREAU AVEC VERSEAU

De tous les signes, c'est celui avec lequel vous avez le moins d'affinités ! Le Verseau est quelqu'un de libre, qui ne s'attache pas aux objets (contrairement à vous) et pour qui les aspects matériels de l'existence n'ont qu'une importance relative. Son indépendance, sa liberté de pensée et d'action sont des qualités que vous admirez mais qui vous effraient ! Toutefois, vous apprendrez beaucoup avec lui...

• **Si vous voulez que ça dure :** ne l'empêchez pas d'avoir sa vie à lui, cela ne veut pas dire qu'il vous trompera. Plus vous lui lâcherez la bride, plus il aura envie de se rapprocher de vous. Le Verseau possède en effet un immense sens de la contradiction !

TAUREAU AVEC POISSONS

Vous ne pouvez que bien vous entendre avec ce signe empreint de douceur et de sensibilité. Le Poissons a besoin de votre solidité, de votre assurance et surtout de votre sens pratique – il en possède très peu, a priori ! Sa capacité à donner de l'amour est illimitée et cela tombe bien : vous en avez un besoin immense. Mais ne lui demandez pas d'être un bon gestionnaire.

• **Si vous voulez que ça dure :** posez-lui des limites, car il en manque totalement. Sans pour autant l'enfermer dans un système trop rigide : il a en effet besoin d'espace pour rêver, créer, ou simplement contempler le monde et ceux qui le peuplent.

Quel amoureux êtes-vous ?

Seule la position de Vénus dans votre thème peut vous renseigner sur votre manière d'être amoureux et sur ce que vous attendez d'un(e) partenaire. Sa distance au soleil est réduite, ce qui signifie qu'elle ne peut se trouver que dans cinq signes : le vôtre, les deux qui le précèdent et les deux qui le suivent. Vous êtes Taureau, elle ne peut donc occuper que le Taureau, le Bélier, les Poissons, les Gémeaux ou le Cancer. Vous êtes né pour aimer, choyer, caresser. Vos amours sont la grande affaire de votre vie, tout comme l'argent ! Bien peu de gens se montrent insensibles à votre sensualité. Vous restez pourtant simple et n'aimez pas vous occuper de vous de trop près. Vous préférez laisser la nature et la vie faire leur travail. Vous partez à la conquête de l'autre avec des regards suggestifs, des poses évocatrices, des sourires en coin... Vous êtes une promesse de plaisir, car vous-même êtes « accro » aux plaisirs, à tous les plaisirs.

SI VOUS AVEZ VÉNUS EN TAUREAU

Vous êtes si typiquement Taureau avec cette configuration que même votre ascendant ne pourra pas modifier les tendances de votre signe de naissance. À ce qui vient d'être dit à propos de votre capacité à aimer, de votre sensualité et de votre générosité côté sentiments, il faut ajouter la dimension possessive, voire étouffante de votre amour. Le plus souvent, elle est due à votre peur de perdre l'autre. La jalousie ainsi qu'une extrême méfiance peuvent donc miner vos relations. Ce qui est difficile à vivre tant pour l'autre que pour vous ! Dans le cas présent, il vous manque la capacité à laisser l'autre exister sans vous, et à en être suffisamment détaché pour que chacun puisse se développer sans entraver la liberté de l'autre.

SI VOUS AVEZ VÉNUS EN GÉMEAUX

Traditionnellement, cette Vénus est plus légère que la précédente, moins jalouse et possessive, même si votre nature Taureau s'exprime d'une autre manière. En mettant l'autre à l'épreuve, par exemple, histoire de vérifier qu'il n'est pas en train de jouer avec votre petit cœur sensible et vulnérable. Toutefois, vous pouvez retourner la tendance et être celui ou celle qui va jouer avec les sentiments de l'autre, adoptant un comportement de don Juan : vous ne compterez plus vos conquêtes et préférerez vous disperser plutôt que de prendre le risque de donner votre cœur à une seule personne... L'harmonie intellectuelle et la complicité ont une grande importance dans vos relations, les mots ayant autant de force selon vous que les caresses.

SI VOUS AVEZ VÉNUS EN CANCER

Le Taureau et le cancer étant en excellents termes, vous êtes encore plus doux, plus tendre, plus sensuel et plus affectueux que le Taureau classique, ce qui n'est pas peu dire ! Cependant, contrairement à la combinaison précédente, on retrouve vos côtés possessifs et votre légendaire jalousie, qui sont même accentués... Ce qui peut vous rendre franchement envahissant, parfois à la limite du supportable. Si vous allez d'échec en échec, il faut absolument remettre vos comportements en question, ils en sont responsables ! Sachez également que l'amour n'est pas forcément la réponse à toutes les questions et que l'on peut faire et se faire autant de mal en aimant trop qu'en n'aimant pas assez.

SI VOUS AVEZ VÉNUS EN BÉLIER

Toujours aussi sensuel, et même encore plus, vous êtes également un passionné, un grand amoureux toujours prêt à séduire, même les bastions réputés les plus imprenables. Au contraire, savoir qu'il y a un obstacle à votre désir ne peut que vous stimuler, et plus l'affaire représentera un défi, plus vous vous y investirez ! Les amours tièdes et sans saveur, très peu pour vous, en dépit du besoin d'équilibre propre au Taureau. Vos amours sont traversées d'orages que vous déclenchez volontiers, parce que vous appréciez les rapports de force et que vous adorez les réconciliations sur l'oreiller. Éternel jaloux, vous considérez tous ceux qui jettent un œil sur l'objet de votre flamme comme un rival que vous devez absolument écarter.

SI VOUS AVEZ VÉNUS EN POISSONS

C'est une superbe association, qui indique une grande générosité en amour, une capacité à aimer tout de l'autre, jusqu'à l'abnégation, au sacrifice de soi. Les amours romantiques, voire platoniques, celles qui font vibrer votre imagination et travailler votre usine à rêves étant les bienvenues. Évidemment, vous allez ainsi au-devant de quelques déceptions, mais elles ne vous découragent pas, loin de là. Sincères et profonds, vos sentiments s'expriment tout naturellement dès que vous êtes en confiance et en sécurité. Idéaliste, parfois même naïf, il vous arrive de foncer droit dans le mur lorsque vous rencontrez quelqu'un d'insaisissable. Votre énergie est alors décuplée, même si l'objet de vos fantasmes vous déçoit rapidement. Vous préférez ignorer, vous jeter de la poudre aux yeux, plutôt que d'affronter la réalité et de passer à autre chose.

Comment calculer votre ascendant ?

Pour calculer votre ascendant, votre décan et savoir où se trouvent les planètes de votre thème:

allez sur twelv.love

Retrouvez Christine Haas

https://www.instagram.com/chrishaasoff

https://www.twitter.com/chrishaasoff

https://www.youtube.com/c/ChristineHaasOff

https://www.facebook.com/Celastro-107986160587123

www.ingramcontent.com/pod-product-compliance
Lightning Source LLC
LaVergne TN
LVHW050602160826
845677LV00011B/2421

* 9 7 9 8 8 4 9 6 9 2 4 6 3 *